沧海遗珠

掐丝珐琅鼻烟壶研究

著者 常罡
摄影 聂小春
绘图 李晓军

生活·讀書·新知 三联书店

图书在版编目 (CIP) 数据

沧海遗珠：掐丝珐琅鼻烟壶研究 / 常罡著；聂小春，莫斯 (Moss,N.) 摄．-- 北京：生活 · 读书 · 新知三联书店，2013.5
ISBN 978-7-108-04329-0

Ⅰ．①沧… Ⅱ．①常… ②聂… ③莫… Ⅲ．①景泰蓝 – 鼻烟壶 – 考古 – 中国 Ⅳ．① K875.24

中国版本图书馆 CIP 数据核字 (2012) 第 285781 号

责任编辑　张　荷　张静芳
装帧设计　罗　洪
责任印制　郝德华
出版发行　生活 · 讀書 · 新知 三联书店
（北京市东城区美术馆东街 22 号）
邮　　编　100010
经　　销　新华书店
印　　刷　北京利丰雅高长城印刷有限公司
版　　次　2013 年 5 月北京第 1 版
2013 年 5 月北京第 1 次印刷
开　　本　720 毫米 ×965 毫米 1/16　印张 13.5
字　　数　80 千字　图片 426 幅
印　　数　0,001-5,000 册
定　　价　59.00 元

目 录

序引

明清掐丝珐琅器物，余向为留意，殊爱其金碧辉煌之姿，奢艳绚彩之色，绝技穷巧之工。幼年旧居京城本司胡同四合院内，花木扶疏，庭除敞阔。清明谷雨间，先外祖慈必于房侧隙地间耙土治圃，手植南瓜、扁豆、向日葵之属，余每提水壶随之，淋滋喷洒。一日，于土砾碎瓦下掘得紫铜刀一把，长仅一拃，工致简朴，刃钝厚而锋秃圆，质柔糯，可以手弯窝而复直之。刀柄两面各铲椭圆形长槽，内饰红蓝彩料明透如糖饧。玩耍数日，即弃之一旁，久而失其所在。成年之后，格物渐伙，且步入藏古行中，追想及之，刀乃案头裁纸刀，彩料当是珐琅，属早期錾胎珐琅工艺，似不能晚于明代，京城本元大都旧地，或即明初曹昭《格古要论》所云之“佛朗嵌”之类。此实是余与珐琅器之初缘也。今虽倍付钟情，价昂却奈之何？廿余年来，斋中仅王世襄、袁荃猷两先生俪松居旧藏明万历佛狮纹掐丝珐琅倭角方盘及清乾隆掐丝珐琅炉瓶盒数件而已。

若谓掐丝珐琅乃众古器中之华贵家子，鼻烟壶一门，则无忝玩好群中尤物名也。颠倒茂叔爱莲之说以言之，恰宜亵玩而不宜远观，盖可爱移人之处尽在精微致密。然收藏鼻烟之壶，入门易而登堂难。其采料极宽，大约纸帛之外，几无料不成壶。国际间各大藏家，动辄集壶上千只，玉瓷玻璃、金银铜锡、竹木牙匏乃至核桃橘皮、鲨鳄蛇蜕，观瞻琳琅，怪异悉列。若一种两种，七只八只，难成规模，羞陈队阵。一品之中，有官制官造民作之分，具精陋粗细巧拙之别，存高下雅俗俚正之论，等级森严，贵贱云泥。因此从来过手赏玩即罢，未能亦未敢专事搜罗。直到偶然机会，于美国古玩商希尔伯特处见一清代“花篮春盛”图掐丝珐琅鼻烟壶，方转见契机。

当时诧其工美，辨其年代，却愧弗能办。遂退归研读，亟思有所开悟。方知举步措入，乃一片罕迹幽隐之域，谓之学术“空白”，似嫌夸张，故可取其中，以“灰白”称之。因掐丝珐琅鼻烟壶，即便晚清民国制品，因器形玲珑，工艺繁复，吃力而难讨俏好，故制之较少，传世更稀，且迟迟未获藏古界关注与正解。以清三代遗物而论，康、雍两朝，掐丝珐琅鼻烟壶之无款者，未闻著录，有款者，著录未闻。乾隆朝之制，查索历年间大型国际拍卖记录，无款者，似在有无难断间；有款者，其断代又多存待商榷处；有款且公认为真者，仅佳士得拍出两只：一为兽首衔环三足环系罐式，一为长颈方瓶式。公立博物馆所藏而见著图录者，北京故宫博物院藏壶达两千数百只（一说万余只），掐丝珐琅者仅得两只：一为乾隆双联瓶式，一为属乾隆赝款之晚清制品；台北故宫博物院藏壶近千只，乾隆款掐丝珐琅壶惟得一双，且各为半只，半只者，以其一饰掐丝珐琅于开光之间、一饰掐丝珐琅于云肩之上，开光之内皆为画珐琅矣。私家博物馆中，北京观复博物馆藏乾隆掐丝珐琅花鸟开光博古纹鼻烟壶一只，然得此讯息并联络该馆之时，已是数年之后矣。待得知纽约大都会博物馆与名藏家张宗宪先生“荷香书屋”亦各藏有乾隆年间制掐丝珐琅鼻烟壶一只，则为时更晚。检阅国内外数十年来鼻烟壶专著，于掐丝珐琅之壶，不置一辞，似难称完备；读过，又觉其泛泛空洞，难解痛痒，令人每生似有如无，甚至虽有却不如无之感，盖断代往往谬之千里。

于是乎心萌遐想：既爱掐丝珐琅，又爱鼻烟小壶，何不弃集兼祧两门香火之掐丝珐琅鼻烟壶？天佑之下，世间若仍有遗存于海角天涯不知处，寻而觅之，招萃余斋，略成一小小系列，摩挲一壶而兼赏双美，足吾之藏癖，亦藏事中独步蹊径、冷枝生花之法。若经苦苦求索，确知已根断种绝，便也从此安心，不再生妄想。

决心既下，所到之处，莫不访藏者，询店家，搜寻拍场上下。大大出乎意料，寒来暑往，或易如探囊取物，或险如攫珠于眠龙睡虎髭须边，竟真个网获若干。得陇望蜀，根性难免，又渐萌撰章公诸之念，便不免牵涉鉴定。于是但有余暇，或蠹嚼书斋，或鱼吮图书馆中，翻阅宫廷遗档与工艺史料，力求言有所据。常累月无所获，幸能检得一句，则比之披沙沥金，不为过也。

今欲以国内外公私诸家所藏为主，间之曾经观览影图之例，辅以敝斋之藏，纵列横剖，梳理其制度源流，浅析其工艺法式，并兼及真赝鉴别。自审向少谨严治史之才，又无鸿篇巨著之志，不过星屑琐碎，述之小言，恐难逃粘补拼凑之讥也。惟一思存心：虽笔下疏陋，若能令吾国此种工艺小品不致随波流沙，而前朝工匠绝技不致无闻后世，更引来天下高明醍醐灌顶，且于观者或薄有裨益，则大幸甚，大幸甚！

壬辰暮春常罡识于东湾碧澄园之枫红轩

源流

吾国鼻烟小壶，据传世最早之“顺治二年程荣章造”款纯铜鼻烟壶，判之肇始之初，当不晚于明末崇祯年间。及至清康熙，始璀璨大放，有玻璃、玛瑙、象牙、珊瑚、蜜蜡、金属胎与玻璃胎画珐琅种种不一，规制略备矣。[1]

金属胎掐丝珐琅，与金属胎画珐琅本以火为父、以釉为母之同胞姊妹。康熙朝造办处，于康熙十九年设珐琅作，先在武英殿，五十七年归养心殿造办处，承造御前掐丝珐琅与画珐琅等各类珐琅器用。又据《内务府造办处档》，康熙五十五年九月二十八日，广东巡抚杨琳上奏折称：广东人潘淳、杨士章等“法蓝匠二名、徒弟二名，俱随乌林大、李秉忠起程赴京讫”[2]。由是观之，不惟内府，当时坊市亦有珐琅制作。不然，何以便有“法蓝匠”且已带授门徒？其时宫内与民间，均具备造掐丝珐琅鼻烟壶之条件，不待更言。

以掐丝珐琅方之犹韵徐娘，画珐琅则是乍幸新宠。掐丝珐琅传入中华，一说在唐，一说在元，技艺成熟且铸就吾国风格，当在元代。画珐琅则于康熙年间始自西洋舶来，尤得康、雍、乾三帝之钟爱。画珐琅以丹青笔绘，状容描景，无不相宜；掐丝珐琅以铜丝线廓，不便点染，限囿细写，烧制工序又繁复费功。因此制金属胎珐琅鼻烟壶，画珐琅乃上选工艺。掐丝珐琅者即便有之，承造数量自当远逊。

康熙朝宫制掐丝珐琅鼻烟壶，可确凿定案者，至今未见传世实物。现存康熙朝及雍乾诸朝宫档及清人士庶叙闻，就余查阅所限，曾涉及康熙宫制画珐琅鼻烟壶，于宫制掐丝珐琅鼻烟壶，则只字未见。

夫实物传世，本命无定数，颠沛流离，运际多舛，毁易而存难。而康熙朝内务府造办处档案，存世殊少，难以据之判断。且宫内存档，便称完整者，岂巨靡无遗乎！阙录疏载，在所难免，兼之历久岁遥，淹灭飘零，使多少宫廷秘制珍玩，若非物遗于世，后人永不得闻知。至于时人叙录记闻，多信马由缰之作。挂一，或可为凭，漏万，自不足为据。因此，宫制实物与宫档，虽两阙之，然当时宫中既有工艺名掐丝珐琅，且制作器物曰鼻烟壶，则吾辈今人，虽不便立宣其有，亦不好妄断其无。此固非仅关康熙一朝、掐丝珐琅鼻烟壶一项而已。

康熙初年，掐丝珐琅工艺似仍处复苏阶段，点蓝不饱满，火候掌握不甚稳定，釉面有欠平润，又因釉料来源不同于前朝，故釉色干涩晦暗。迨康熙中叶至晚期，烧造技术日趋纯熟，前见诸弊大大改善，渐有恢复明中期珐琅器制造水平之势。此后，雍、乾两朝包括掐丝珐琅鼻烟壶在内之掐丝珐琅器制作，得以展路青云，极一代之盛，基石桩础之功，端在康熙。

参照传世康熙朝器物之器形与纹饰特征，尤其康熙朝掐丝珐琅器物诸般工艺与风格特征，比较传世掐丝珐琅鼻烟壶中工艺与风格类似者（图 1、图 2），应是鉴定康熙朝掐丝珐琅鼻烟壶可依途径。

据器形、纹饰、工艺及釉色釉质，康熙年间所作掐丝珐琅鼻烟壶，求索至今，大致可定者五，疑似者一。六壶均

图 1 北京故宫博物院藏康熙掐丝珐琅烛台

图 2 康熙掐丝珐琅粉蝶穿花纹鼻烟壶

无年款。一梅瓶式，松石蓝釉地，五色缠枝宝相花纹；一扁壶式，粉蝶穿花纹；一莲子罐式，绿松石釉地，双蝠捧寿纹；一太白坛式，缠枝西番莲纹；一盖罐式，松竹梅纹；一绶带葫芦瓶式缠枝花卉纹壶，游离于康、雍之间。（详析见本书“述例”部分。）

上列六壶，不啻掐丝珐琅及掐丝珐琅鼻烟壶工艺由康熙向雍乾风格嬗变过渡之凝形缩影。

雍正一朝，珐琅作仍在慈宁宫之南。圆明园亦设造办处，立珐琅窑，烧制珐琅器物。直至乾隆二十年正月，珐琅作在内之内务府造办处各作，始全部迁至圆明园。[3]

一如其于他类艺术，雍正帝于掐丝珐琅器物亦颇多垂顾。凡造型、纹饰、釉彩搭配乃至高墩丰颀，每亲加指点。[4] 雍正朝宫制掐丝珐琅器，以数量多寡论，不及康、乾，以品色多寡论，逾于康熙，却又在乾隆之后，然若以宫廷气派论之，其崇尊绮丽之美，实居清代诸朝之冠。雍正朝珐琅鼻烟壶之制作，以画珐琅鼻烟壶为重。当时之掐丝珐琅鼻烟壶，则与康熙朝同，迄无史录可征，且传世甚罕。据过目及经手实物，参佐同朝一般掐丝珐琅器物及传世画珐琅鼻烟壶，或能推想其大致风貌。

今存可视为雍正朝之掐丝珐琅鼻烟壶，凡有四品，俱为萝卜瓶式，可分为两组。

一组之一为黄釉地掐五色暗八仙纹，之二为蓝釉地掐五色暗八仙纹，均为过庵旧藏，丙辰年上拍香港苏富比，检之图录说明，年代定为1820~1880年间。二组之一为黑釉地掐五色暗八仙祝寿纹，原为英伦著名鼻烟壶商霍尔氏（Robert Hall）所有，标年代为嘉庆；之二为黄釉地掐五色暗八仙祝寿纹，此两品之萝卜瓶式稍异于一组两品。

四壶均无款，然余许为雍正年间制品，且极可能为宫制。读家至此，或不免致问。

雍正朝器形，参照古今式样，稍加损益，即翩翩然而面貌新出，备储巧妙。萝卜瓶，康熙朝创制，侈肩，敛腹，器形端肃；雍正时稍溜其肩，略膨其腹，顿显娉婷仪态；至乾隆，肩复端起，壶腹顺流直下。此掐丝珐琅四壶，均为典型雍正萝卜瓶式，正合清末许之衡《饮流斋说瓷》所谓“鼻烟壶佳者多至不可胜记，大抵雍正者多浑圆而长”之说。许氏虽仅论及瓷制，然一朝鼻烟壶之形制，无关质料，多一朝通用。两组萝卜瓶式掐丝珐琅鼻烟壶之些微差别，盖因一朝同名器形，向存异变体形之故。此其一。

古往今来，普天下无人不祈吉祥福寿，何况帝王。清代诸帝均好吉祥福

图3 雍正掐丝珐琅黑地暗八仙纹鼻烟壶

寿图纹，即“吉言活计”，尤以雍正帝为甚，不惟亲创纹样，且编有《御制吉字韵编》以为典范。此“八仙佑福献寿”四壶之八仙，即在该书吉字之列，乃雍正朝最常用之纹饰。帝亲自设计之若干吉言名色当中，便有“画暗八仙九寿四福”一种，与上述四壶纹饰正合。此其二。[5]

清代诸帝中，独雍正帝以尚黑色而著名，屡命以黑色为地制瓷器，并创烧墨彩一格。御制珐琅器，如珐琅类鼻烟壶亦显示此风，“调色用彩，喜用黑色,常以黑色珐琅为锦地,烘托主题”[6]。怡亲王乃帝知心得力之人，雍正元年正月初九日至九月二十七日之间，共先后呈进新制珐琅鼻烟壶十五件，其中便有铜胎画红蝠万寿黑珐琅鼻烟壶两件、铜胎黑地五彩瑶池王母珐琅鼻烟壶一件、黑地画西番花铜胎珐琅鼻烟壶一件，另有铜胎玉兔秋香珐琅鼻烟壶一件，未言色地，但观台北故宫博物院所藏同名之壶，亦当是黑色地，或竟是同一壶，是共五件，竟占三分之一。[7] 雍正元年宫档另有：“郎中保德交黑色蛤蜊片一片，着做鼻烟壶用，记此。”[8] 亦可资尚黑之证。而上述掐丝珐琅四壶中之黑釉地者（图3），于有清一代传世掐丝珐琅鼻烟壶中，仅此一件，不归之于尚黑之雍正朝，却欲归之于全无黑釉地珐琅器存今之其他诸朝，似乖悖事理。此其三。

帝又喜纹样一式而多色成套之器。如《记事录》载：雍正四年九月二十五日，“郎中海望持出珐琅盘一件。奉旨：此盘外面淡红地、深红色花样画得好。嗣后造珐琅器皿，照此盘套画颜色，不拘深浅，黄、蓝、红、绿烧造几件。钦此。”上述四品掐丝珐琅鼻烟壶，每组各为同式萝卜瓶，纹饰、尺寸亦两两相同，惟地子分别为黄、蓝与黑、黄，纹彩则依地章而五色搭配不一，手法双双绝似，原应分属两套制品，恰合雍正帝这般趣味。此其四。

据内务府《记事录》：雍正五年闰二月初三日，据圆明园来帖内称，郎中海望奉上谕：“朕从前着做过的活计等项，尔等都该存留式样，若不存留样式，恐其日后再做便不得其原样。朕看从前造办处所造的活计，好的虽少，还是内廷恭造式样。近来虽甚巧妙，大有外造之气。尔等再做时不要失其内廷恭造之式。钦此。”此旨发自九重威严，遂成宫制造办金科玉律，贯穿雍正一朝。四壶器形高贵矜重，丝艺华美，釉色纯润，磨镀璨璨，所谓“内廷恭造之式”，可以当之无愧。此其五。

四壶壶膛内施釉工艺，铜鎏金盖、象牙匙及盖下木质壶塞，均与雍乾间造办处档案中所记常规作法相符，而又与嘉道后制壶作法迥然有异（详见本书“制艺”一章相关部分）。此其六。

论而可据者六，因是定之。

乾隆帝雅擅品鉴，于掐丝珐琅器多有顾问，如即位之初，便有“将珐琅活计持进内廷，朕看烧造”之旨[9]，此后终帝享国之年，对珐琅器样式、用铜、釉色、款识、蜡补等工艺细处亦屡降详旨，对烧造人等亦赏罚有差。恩威森严如此，有清一代，乾隆朝掐丝珐琅器乃至掐丝珐琅鼻烟壶制艺水平，达到空前而绝后，良有以也。

当时承平日久，海宴河清，朝野风尚享乐，竞侈嗜靡。尤至乾隆中、晚期，一器一玩，莫不殚思竭虑以献颖推新，耀姿炫彩，无奇而不有。此时之掐丝珐琅器，宫制《明皇试马图》堪称巅峰之作。其走丝如运笔，釉晕如点染，不输丹青之妙矣！向来“行修而名不彰”之掐丝珐琅鼻烟壶，经百余年励精图治，竟引得画珐琅、陶瓷等豪门大户反躬而摹仿之（图4），诚可谓已独树一帜，自立艺林矣。

图4　乾隆瓷胎粉彩仿掐丝珐琅鼻烟壶

乾隆朝所制掐丝珐琅鼻烟壶，今业界众所周知者，不过两岸故宫及近世名家所藏屈指可数几枚。然在海内外其他公私收藏及鼻烟壶市场上，一向颇有些属“乾隆年制”款之掐丝珐琅鼻烟壶出没流动，纹饰、造型丰富多样，工艺品质则佳劣同行。其中究竟有无乾隆真品？惜长久以来，无人特加留意并认真加以梳剔甄别。

夫欲鉴定此类传世品，难点仍在直接参照物及详明相关文献记录之缺乏，困境逢生之径亦仍在转而探究比较诸般已经确认之间接参照物，如对乾隆本朝其他类鼻烟壶、乾隆本朝一般掐丝珐琅器物、乾隆本朝其他门类之工艺品以及乾隆朝之前之后有清诸朝至今可确定之掐丝珐琅鼻烟壶、一般掐丝珐琅器物及其他门类工艺品加以研究，以从中感知诸朝代工艺制器之“朝代气象”，即一朝一代制器、尤其是掐丝珐琅器物之艺术风格与工艺品质之种种特征，从而藉间接参照物促助直接参照物之最终确立。换言之，一枚传世掐丝珐琅鼻烟壶，若其“朝代气象”不属于乾隆之前之后有清以来至今之任何朝代，依理则应归位于乾隆朝制壶。举例说明，以美国纽约大都会博物馆所藏松鹤纹“乾隆年制”款一枚（参见本书述例17）、北京观复博物馆所藏博古纹“乾隆年制”款一枚[10]（参见本书述例18）、张宗宪先生“荷香书屋”所藏花鸟纹“乾隆年制”款一枚[11]及英伦中国文物巨擘马尔尚家族（S. S. Marchant）所藏双螭纹“乾隆年制”款一枚[12]为代表作之若干极精壶品，设计制作手法多端，绝非出自一家一坊，艺术风格则具同一“朝代气象”，壶形端庄优美，掐丝华丽繁缛，天然釉料鲜明细润，纹饰色地多彩纷呈，与乾隆晚期掐丝珐琅器物韵出

图5 纽约大都会博物馆藏乾隆掐丝珐琅鼻烟壶

一致，亦极似乾隆晚期官窑瓷器之风姿，底足圈内皆镌精湛之“乾隆年制”楷款（自非康雍两朝制器所能预知先刻），壶膛内部处理、壶盖塞柱作法、施金方法及制艺品质，则均与清中、晚期制壶及再后之仿者迥然别异，其技艺堪称吾国掐丝珐琅制作史与掐丝珐琅鼻烟壶制作史之最，排比归纳，应是一组传世鲜为人知之乾隆年间制壶（图5）。

以下数条，乃乾隆宫档中有关掐丝珐琅鼻烟壶之记载。

《乾隆三年造办处镀金作档》:“二月十二日，催总韩起龙来说，太监张明交玻璃鼻烟壶五件，掐丝珐琅鼻烟壶一件，传旨：着将玻璃鼻烟壶安铜匙，珐琅鼻烟壶配铜镀金盖，钦此。”[13]

《乾隆十四年造办处匣作档》：十月初十日，太监胡世杰交下配装百什件之文玩中有“掐丝珐琅无盖鼻烟壶一件，木座”。[14] 此与北京故宫博物院所藏无盖且下配木座之“双联瓶式缠枝莲纹掐丝珐琅鼻烟壶”（图6，并参见本书述例14）相类，或即是此壶。

图6 北京故宫博物院藏掐丝珐琅双联瓶鼻烟壶及木座

此两壶之纹样与器形，制作年代及属于宫制抑或外官贡入，今已无从悉知。然以万乘帝尊，惜此区区，一加修配，一入百什件御玩中，则两壶必佳。

《乾隆三十四年各作成做活计清档·珐琅作》载：是年二月，“初三日接得员外郎柏永吉押贴内开正月十八日总管李裕交湖珠一颗。传旨：‘着做金胎掐丝珐琅西洋珐琅鼻烟壶一件，将此珠镶嵌盖上，先呈样。钦此。’于二十三日将画得掐丝西洋珐琅鼻烟壶纸样一张，交总管李裕呈览。奉旨：‘照样准做。钦此。’”[15]

“掐丝珐琅”，宫档中即以此名记之。西洋珐琅，则通指画珐琅器物。因此，上述“金胎掐丝珐琅西洋珐琅鼻烟壶”，乃为掐丝珐琅与画珐琅相结合之物。《乾隆三十四年各作成做活计清档·珐琅作》所记十二月初六日一条，提及“画得金胎掐丝珐琅加西洋珐琅腰元鼻烟壶纸样一张持进”，可资佐证。全文如下：

“（十二月）初六日库掌四德五德来说，太监胡世杰交正珠一颗，随金宝盖，传旨：‘着做金胎掐丝珐琅鼻烟壶一件，用正珠做盖上镶嵌用，金宝盖镕化，先呈样。钦此。’”

又：“于本月二十日库掌四德五德将画得金胎掐丝珐琅加西洋珐琅腰元鼻烟壶纸样一张持进，交太监胡世杰呈览。奉旨：‘照样准做。钦此。’”“于三十五年四月二十七日将做得珐琅鼻烟壶一件持进呈进讫。”[16]

金铸珠冠，掐画合一，乾隆宫制掐丝珐琅鼻烟壶之华贵绝伦，于此可见。

台北故宫博物院所藏金胎掐丝珐琅锦地加画珐琅西洋母子图鼻烟壶（参见本书述例11），与该院所藏另一只金胎掐丝珐琅加画珐琅西洋母子图鼻烟壶（参见本书述例12），均为此类金胎壶之传世实例。惜该院《故宫藏鼻烟壶》一书，将两壶均误定为“铜胎”。

著名之玛丽与庄智博夫妇收藏中有一只金胎四系罐式掐丝珐琅与画珐琅西洋母子图鼻烟壶，亦属同类（参见本书述例13）。

所称“腰元”，于宫档中屡有出现，有时记为“腰圆”，当是鼻烟壶器形一种。本书述例11乃扁壶式，述例12与述例13则为系罐式，披云肩，壶身周圆，当即所谓“腰元”式。

传世品中，如北京故宫博物院藏“双联瓶式缠枝莲纹掐丝珐琅鼻烟壶”（参见本书述例14）与英国鼻烟壶学者莫士㧑（Hugh Moss）旧藏“三足炉式掐丝珐琅缠枝莲纹铺首活环耳鼻烟壶”（参见本书述例15），同被国内外鼻烟壶研究界公认为纯用掐丝珐琅技艺之乾隆宫制鼻烟壶。

然于现存宫档中，却并未发现关涉此两壶之相应谕旨、奏闻、呈样、制作及工毕呈进之记录。读现存宫档，雍正朝内务府造办处以年月日为单位，混合记录某年某月某日各作承应品项。自乾隆年以降，渐改为分别以各作为单位，依年月日记录某作某年自正月至十二月所承应之品项，故记档更为条理规范，然录入宫档者，无一不是奉旨谕交办或是奏闻得旨而作之品项。由此可以推断，宫制器物或分两类，一为奉旨谕特制，此类例应记入宫档；一为一般性常规制作如年节例进等，制作过程中如未得谕旨或无事不需启奏，则不记入宫档。双联瓶式与三足炉式两壶，或为前一类，但记档今已不存；或属后一类，故本无宫档可稽。故此，今之鉴者，自当信现存宫档之有记，却不可斤斤计较于现存宫档之无记，误以为即是“未曾做过”。

两壶之掐丝，纹饰疏美，设色典范，艺趣同一，端可备为宫制之一格。前者清宫旧藏，现仍在北京故宫博物院，乃天潢贵胄；后者虽流出宫廷，却迭经海外名家庋藏，自上世纪 70 年代至今，巡展世界各地，甚至曾亮相中国，亦可谓身世煊赫。然若以身居宫藏或公认官制而奉为鉴定宫制、乃至乾隆一朝所有铜胎掐丝珐琅鼻烟壶之标准器，纹必此纹，款必此款，否则非是，则有失偏颇。将传世品自身之工艺风格、制作特征与各时期各类制品错综比较，仍是鉴定真赝、甄别早晚之首要依据。宫制之鉴如是，风格面貌更为多样之乾隆朝外坊制掐丝珐琅鼻烟壶之鉴，更当如是。所以言此，盖因乾隆一朝，漫漫六十又四年，尤其中期晚期之掐丝珐琅制器，手法频新，令人眼花缭乱，自非此两壶所能尽括之。

内务府造办处珐琅作之外，宫外之京城与外省税榷各关所在诸地，亦有珐琅工坊。杨伯达先生曾云：“清代的掐丝珐琅工艺，除内廷外，在北京、扬州、广州及九江等地均有发展。扬州掐丝珐琅特点在于珐琅色调偏冷，气泡较密，掐丝生动活泼，图案变化多样，器形别出新意，与内廷珐琅作风截然不同。

故宫养心殿、怡和轩室内装饰用的掐丝珐琅嵌件，都是扬州制造的。广州掐丝珐琅，追仿当地錾胎珐琅的特点，掐丝严谨，色调和谐，与内廷、扬州两处珐琅迥然有异。九江的掐丝珐琅见诸乾隆晚期，现故宫博物院收藏的掐丝珐琅转心瓶，即江西所产。其掐丝工整，釉色雅正，与官窑瓷器风格极其接近。”[17]

以余阅档所及，未见宫中与各处珐琅坊交办掐丝珐琅器物之谕旨或往来文书，颇以为此杨伯达先生廿余年前旧论，如非出自别有来源之宫档记录，则极有可能出自观察故宫所藏乾隆时各地向宫中贡入之掐丝珐琅器物（通常带有标明入贡者姓名职地职守之黄签）。总之，当言有所据。

另据乾隆六年三月十二日珐琅作档所记，“柏唐阿吉文来说，为本月初八日催总邓八格将现烧造掐丝珐琅活计甚多，家内掐丝珐琅匠不敷用，欲添外雇掐丝珐琅匠等语奏闻，奉旨：‘准上外雇掐丝珐琅匠。钦此。’”[18]又如乾隆三十九年为紫禁城宁寿宫后之梵华楼造掐丝珐琅塔，外雇珐琅匠即达三千八百零二工。此两条记录，可间接证实当时宫外民间珐琅作坊之存在，而且向宫中珐琅作提供应急工匠。此实为宫廷与民间掐丝珐琅技艺之交流并彼此风格影响之重要渠道。

此外，各处民间珐琅作坊必不专为承接宫中传命而设，平时为民间生产包括掐丝珐琅鼻烟壶在内之掐丝珐琅用品，方是其日常经营运作之主要内容，此理所当然。因此，通常认为掐丝珐琅器物只由宫廷制作或向外关定制、只供宫廷享用因而只具宫廷风格之说，绝非确论。进而推及乾隆朝掐丝珐琅鼻烟壶制作，亦必如是。

乾隆朝各地所造掐丝珐琅如樽卣炉瓶屏之属，北京、台北两地故宫博物院庋藏极富，比对宫档记载，彼此风格异同，已能划拨大致，如宫廷制品之雍容庄丽，北京制品之追摹宫风，扬州制品之灵变颖巧，广州制品之富郁和谐，九江制品之端谨雅正。一似大气运行，霖沛溉及海内，各地所制掐丝珐琅鼻烟壶虽小，匀洒分沾，风格自不能异外。然若欲将今存具“乾隆年制”款且可定为乾隆年制之掐丝珐琅鼻烟壶，分别甄归原位，孰为宫中所制，孰为外造诸关承制，孰为臣属官造，孰为民坊制器，以至产于孰地，有些可确凿定谳，有些则殊非易事。

受雇入宫之民坊珐琅匠师，或长期作活，或临时零工，当多就近从北京当地珐琅坊作招雇。传世乾隆掐丝珐琅鼻烟壶中有不具款识、庄正华丽如宫制而又不全似内廷恭造者，或是北京珐琅民坊制品。

粤海关之广州，承办宫中交下各项御用珐琅器物。凡器形、纹样、数量俱经内务府先呈御览，裁决取舍，始发定单。关督接单，战战兢兢，不稍懈怠，其完造质量，即使不优于宫中御坊，亦不会逊色太多。惟应接工坊之运作体制，或专有珐琅器御作分坊，或依景德镇御窑厂“官搭民烧”之制，设厂署监催活计，孰者为是，尚待研明。

广东籍掐丝珐琅匠师，即在内务府造办处珐琅作中，亦是一支主力（宫档中时将“掐丝珐琅”记为“掐系珐琅”，似为宫中广东匠师口音，记档者依音写录而已）。而广州又为珐琅类鼻烟壶制作另一中心。广州匠师尝以画珐琅模仿掐丝珐琅，金色勾勒轮廓，内涂赭、黄、蓝、绿等色珐琅，远视足以乱真。广造掐丝珐琅鼻烟壶，一如广造掐丝珐琅器，技艺不让宫中珐琅作，所见实物以筒瓶式鼻烟壶居多，釉色之美轮美奂，纹饰之融汇中西，足使名闻遐迩之广造画珐琅鼻烟壶不得专美于前。

扬州掐丝珐琅，久已交通宫中。名工有“珐琅王”王世雄[19]，杰作则乾隆寝宫乐寿堂与御花园符望阁之内饰嵌件等等，色调晦而偏冷。存世之掐丝珐琅鼻烟壶，亦确有一二极似产于扬州珐琅作坊者。

自乾隆初年，江西九江关督官即属理景德镇陶政，如唐英及其继任者尤拔世、全德等。据查宫档，乾隆朝各地督抚关监以掐丝珐琅器物为贡品者虽有，却多是可充古玩之明代遗器，特以成批当朝制作之掐丝珐琅器入贡者，实不多见。而自乾隆四十年，即开始进入乾隆晚期之后，历任九江关监督所进贡品，瓷器之外，便以掐丝珐琅器为大宗，颇引人注意。如乾隆四十一年三月九江关监督全德贡品与乾隆四十五年九江关监督额尔登布贡品。[20]此与杨伯达先生“九江的掐丝珐琅见诸乾隆晚期以后”之论相符。雍正十一年，帝尝特别降旨，严禁造办处私做活计，不惟外来活计不可做，即各宫传做活计，非得准旨，亦不可接做。[21]乾隆帝辖御造办处，更严于雍正帝，故九江关诸关督进贡之掐丝珐琅器物，绝不敢委托造办处珐琅作，必由外地工坊制作，且费用由该员自理，当无疑问。倘须自费打造贡品，选择具地近、工善、器利之便，且能质出上乘之坊地，此不言而喻。因此，乾隆晚期历任九江关监督所进掐丝珐琅器物，其治下之九江关辖域内，为最可能之制造地点。此有助于得出九江关除承应御制御用官窑瓷器外，其辖地内亦有珐琅器工坊之推论。

如前所述，景德镇御窑厂瓷胎粉彩鼻烟壶中，颇有全仿铜胎掐丝珐琅者。个中关联，或在两处工坊有地近物接、艺流技通之便。宫中珐琅作中除广东匠师外，亦多江西匠师，亦可以参证。现存乾隆一朝内务府档案，明确记载贡入掐丝珐琅鼻烟壶之官员，恰又均是乾隆晚期之两任九江关监督。

据内务府《杂录档》，乾隆四十五年三月二十六日九江关监督额尔登布进贡，贡品除景德镇御窑厂瓷器之外，尚

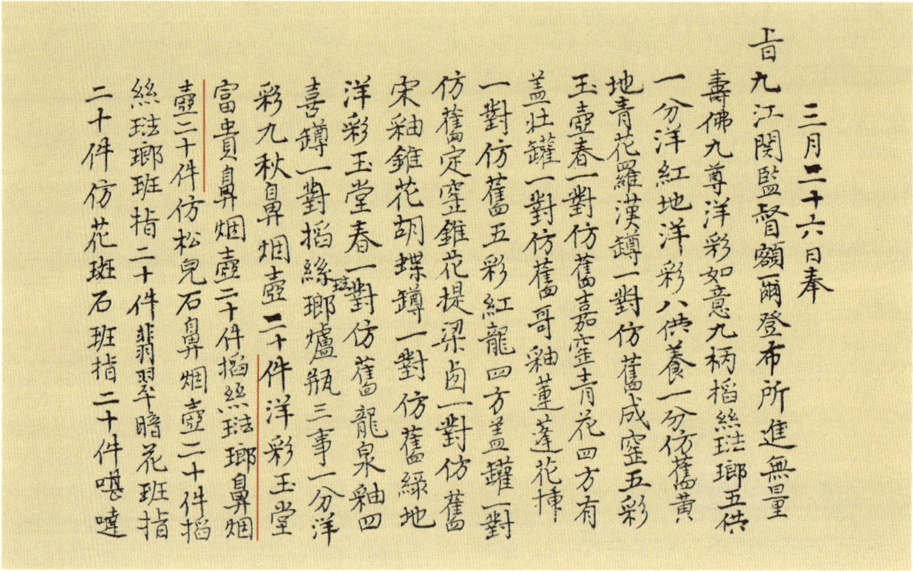
三月二十六日奉
旨九江關監督額爾登布所進無量
壽佛九尊洋彩如意九柄掐絲琺瑯五供
一分洋紅地洋彩八供養一分仿舊黃
地青花羅漢鐏一對仿舊成窑五彩
玉壺春一對仿舊嘉窑青花四方有
蓋壯鑵一對仿舊哥釉蓮蓬花樽
一對仿舊五彩紅龍四方盖鑵一對
仿舊定窑錐花提梁卣一對仿舊
宋釉錐花胡蝶鐏一對仿舊綠地
洋彩玉堂春一對仿舊龍泉釉四
喜鐏一對掐絲琺瑯爐瓶三事一分洋
彩九秋鼻烟壺二十件洋彩玉堂
富貴鼻烟壺二十件掐絲琺瑯鼻烟
壺二十件仿松兒石鼻烟壺二十件掐
絲琺瑯班指二十件翡翠暗花班指
二十件仿花斑石班指二十件喂噠

图 7　乾隆四十五年宫档：额尔登布贡单

有“掐丝珐琅五供一分……掐丝珐琅炉瓶三事一分……洋彩九秋鼻烟壶二十件，洋彩玉堂富贵鼻烟壶二十件，掐丝珐琅鼻烟壶二十件，仿松儿石鼻烟壶二十件，掐丝珐琅班指二十件……”（图7）。据《清史稿·高宗本纪五》，此时乾隆帝正南巡江浙，故奉旨将此批贡品“着伊本人差来家人送往京城交与内务府大臣英廉。钦此。本日交伊差来家人王锦领讫”。[22]

又据《贡品档》乾隆五十八年八月十七日载：“福英恭进掐丝珐琅海棠鼻烟壶廿件。”[23] 此条并未言及福英官职，然同年三天之前，即乾隆五十八年八月十四日宫档中有“九江关监督福英交进中秋节跟银两”一条[24]，故可知之。

此两件九江关监督贡单，为现存乾隆朝关涉掐丝珐琅鼻烟壶之重要史料，兹试析之。

额尔登布所进为官造贡品，而非

承应宫中定单，自无疑义。另考清宫造办处档案用语，定件由上至下曰“交来”[25]，成活自下而上曰“呈进”，臣属进贡曰“恭进”。福英恭进，也必是官造贡品。按朝贺晋谒礼，陛见之前或陛见之际，呈上贡单，再经宫监转交内府职司，登记归档。福英之贡于八月十七日记入《贡品档》，则贡进时日，必早于斯。想必与其所进跟银两相同，乃八月十五中秋纳进之节贡。

内务府外派官员如各关监督，本即皇家包衣亲信之人，逢年节、端午、万寿庆典或入朝陛见，必自费银饷，谨造贡品，而珐琅器物时在其选。官员献贡，意在示敬邀宠，取悦龙颜。若贡进泛滥平俗之物，反遭申斥，自取讨嫌，则进献何为！[26]因此，官造贡品器物，包括掐丝珐琅器物及掐丝珐琅鼻烟壶如九江关额、福两关督所贡入者，应是工艺精绝、不输宫制之作。今日故宫博物院藏品中，有相当数量乾隆朝瓷器、玉器、铜器、漆器、珐琅器、织品、紫檀家具，皆因制艺高超且藏储故宫，故而被普遍认为宫制，实则乃历年各地外官贡品，道理即在于此。

额尔登布所进掐丝珐琅鼻烟壶二十件，于器形纹样，并未提及。而《贡品档》记福英进壶之“海棠”二字，语气概括，深值味索。谛观乾隆朝金属胎掐丝珐琅鼻烟壶及金属胎、瓷胎、玻璃胎画珐琅鼻烟壶，窃度《贡品档》所称海棠之意，最具可能者三端。

一谓纹样。海棠花开春暮，缀果于秋，一向是宫中、民间常用纹饰。乾隆帝尝不止一次赋诗歌咏之，如“长蒂繁花缀弱枝，春风无力袅芳蕤。唐宫名字如相拟，应是华清出浴时。”足见此花婀娜，讨帝欢心。台北故宫博物院即藏有景德镇御窑烧制“乾隆年制”款瓷胎粉彩鼻烟壶，一面绘海棠，一面题御制海棠诗。

二谓鼻烟壶造型。颇疑“海棠”

之后省略一“式”字。海棠之式，起源甚早，历代多用。故宫藏南宋郊坛下官窑灰青海棠式花插，瓶口、瓶腹及圈足均呈四瓣海棠式，足圈内镌刻乾隆乙未御制诗《咏官窑海棠式瓶》，内亦有“设云如式海棠插”之句[27]。又如《各作成做活计清档》记雍正六年五月初五日奉旨：“今年珐琅海棠式花盆再小些。”足见海棠式乃习用术语。康雍之外，乾隆年间亦颇造海棠式掐丝珐琅器皿，如沈阳故宫藏有乾隆晚期掐丝珐琅海棠式瓶，器形直接南宋官窑海棠式花插。切关所论者，乾隆年间确曾制海棠式鼻烟壶。台北故宫博物院藏盒装一套二十件，瓷胎粉彩，“乾隆年制”矾红篆款，壶膛沿边缘描金作海棠式开光，一面开光内绘海棠，另面开光内题隶字御制海棠诗：“繁红艳紫殿春馀，第一扬州种色殊。逞尽风流还自恨，被人强唤是花奴。”壶形侧视，腹扁而鼓，正看却为四瓣海棠式，可见一斑。

三谓壶膛两面之海棠式开光也。其状时依花形，时随果样，具多种变体，为乾隆朝画珐琅与掐丝珐琅鼻烟壶最常见之装饰手法。福英进贡之壶，若是海棠式开光，当或同式同样，或同式而别样。开光之内，则可掐掰相同或不同纹图，故统称之“掐丝珐琅海棠鼻烟壶”。一似北京故宫博物院藏乾隆款錾铜胎画珐琅鼻烟壶一盒成套，十件装，同款式器形，同式别样之海棠式开光，开光间色地则分红、黄、绿、蓝，开光内图绘则为构图不一之西洋母婴与枝头花鸟。

孰者为是，尚待研明。

北京与台北两地故宫博物院藏有若干原装整盒成套鼻烟壶，概为十只一盒或二十只一盒，当为当时惯例。由此推论，额、福两关督所进掐丝珐琅鼻烟壶二十只，亦应是盒装成套（图8）。

外坊所造之壶，既然分官造贡品与市卖之品，其风格、纹饰、款识自当

图8 故宫藏乾隆瓷胎松石釉地粉彩仿掐丝珐琅鼻烟壶二十件成盒

与纯由内务府官制者异中有同、同中有异，且设有外造珐琅工坊之处并非仅限于一省一地，故外造壶之间亦应有工艺特征之区别。至于九江制掐丝珐琅器物之风格，正如杨伯达先生所说："其掐丝工整，釉色雅正，与官窑瓷器风格极其接近。"九江关珐琅工坊所制掐丝珐琅鼻烟壶之风格，当与之大致相符。

乾隆四十一年《杂录档》记三月十五日九江关监督全德所进物品中有"掐丝珐琅带钩廿件"及"掐丝珐琅扳指廿件"[28]。而全德、额尔登布、福英，三任九江关督，任期跨度达十七年之久，所贡之物，竟均以工艰技险之掐丝珐琅小件器，额、福两任更双双以极少见之掐丝珐琅鼻烟壶入选，莫非九江珐琅工坊专以此类掐丝珐琅小件为特胜擅场，且是当时制作掐丝珐琅鼻烟壶之重镇欤！

根据宫中档案所记贡品单，乾隆朝外官贡品中有大量御制诗文器物，传世乾隆时广东制画珐琅鼻烟壶多属年款，乾隆民窑瓷器及瓷制鼻烟壶亦多有属年款之器，足见当时具御制文字或乾隆年款之器物，并非如今人所推想，俱为官制器物，或御制文字与乾隆年款之属具权为官制器物所专有。因此，额、福所进之官造贡品掐丝珐琅鼻烟壶，极有可能属带乾隆年款。若是，绝非僭越逾制。

另可探讨者，额尔登布与福英所

进掐丝珐琅鼻烟壶，既已纳入内府，何以北京、台北两地故宫藏品中未见此类外贡掐丝珐琅鼻烟壶之遗存？答案则与乾隆帝对鼻烟壶类贡品之处理方式有关。查宫档，各地督抚、各榷关监督之年节贡品中之鼻烟壶，除极少数留用或随即分赏大臣外，大多交广储司"奉旨备赏"，即转作他日赏赐之用。一旦赏出，则流散天南地北。额尔登布及福英所进掐丝珐琅鼻烟壶，当时看去，并非稀贵名品，故宠得御用而永藏宫中的机会微乎其微。

综上而重申之，乾隆一朝，官制、官造及各地民造民用之掐丝珐琅鼻烟壶，必有相当数量，风格虽共存一朝气象，纹饰、壶形却又丰富多姿。若仅以两岸故宫博物院现藏掐丝珐琅鼻烟壶数量来推测当时制产之数量，若将少数已确定为官制掐丝珐琅鼻烟壶之风格强立为涵盖乾隆一朝掐丝珐琅鼻烟壶之风格鉴标，甚至以为凡两岸故宫博物院院藏壶中风格未见者，即是乾隆一朝未制者，则难免狭隘，必致谬误。

乾隆朝宫中及外坊所制属款与无款之掐丝珐琅鼻烟壶，以迄今笔者所见，传世不过数十枚。然较前之康雍及后之嘉道咸同传世之壶，尚属多者。论工论艺，亦雄居掐丝珐琅鼻烟壶制作史上大座。曾开启余研究掐丝珐琅鼻烟壶兴趣之美国希尔伯特氏所藏"掐丝珐琅花篮春盛纹鼻烟壶"，实乃咸、同年间制品，一见羡叹，以为绝伦。后经与乾隆制壶比较之，始悟彼时见识不广，眼力有限。若云是壶之美令人吃惊，则乾隆掐丝珐琅鼻烟壶之美，足令人震惊。

胎有金胎、银胎、铜胎之别；掐制用丝，金胎金丝，银胎银丝，铜胎则铜丝鎏金。

器形制式百态纷呈：有扁壶式、宝月壶式、梨壶式、方圆扁瓶式、胆瓶式、系罐式、三足炉式、腰圆式、筒瓶式、方瓶式、双联瓶式、葫芦式、茶叶罐式等等。一仍历朝工艺风习，纵向袭古传承者有之，如最多用之扁壶式，即本自战国之铜扁壶；横向同代移借者亦有之，如康乾间之茶叶罐式。

纹饰多彩多姿，如博古、花鸟、松鹤遐龄、龙翔凤翥、缠枝西番莲、缠枝莲、缠枝宝相花、蟠螭、牧牛图、狮戏图、暗八仙、冰纹八吉祥、皮球花、禄食清廉、鸳鸯莲荷、洪福齐天、蝈蝈菊花、葫芦大吉、葫芦万代、喜上眉梢、鹿鹤同春、百花锦、花卉洞石、云鹤穿花、五蝠捧寿等等。最为别出心裁者，以掐丝珐琅为锦地，开光内施画珐琅西洋母子图，不啻令姊妹联袂，益彰羽翼霓裳。

以如意云纹为颈饰，腹底足际用仰莲瓣纹，为乾隆中、晚期小件珐琅器皿所多用，如金属胎珐琅类鼻烟壶，而其中尤以金属胎掐丝珐琅鼻烟壶上最为常见，以其颇能适应品小圆巧之

图 9　乾隆铜錾胎珐琅嵌画珐琅鼻烟壶上如意云纹与仰莲瓣纹

图 10　乾隆掐丝珐琅鼻烟壶上如意垂云纹

图 11　乾隆掐丝珐琅花盆上简化之仰莲瓣纹

图 13　乾隆掐丝珐琅炉上五佛冠仰莲瓣纹

图 12　乾隆掐丝珐琅鼻烟壶上未简化之仰莲瓣纹

特点（图 9）。

如意云纹颈饰有单丝与双丝之分，有圆婉与垂尖之别。双丝垂尖者又可称垂云纹，最繁密者内镶三粒宝珠，间缀瓔珞流苏（图 10）。

莲瓣纹，凡两种，亦见用于乾隆朝其他小型器物：一为瓣头两弯，或俯或仰，源自须弥座莲瓣，即宫档工艺术语中之“巴达马”，有简化与未简化两类（图 11、图 12）；一为瓣顶方尖如圭，亦或俯或仰，源自释家五佛冠之莲瓣（图 13、图 14）。

锦地开光为乾隆时期掐丝珐琅鼻烟壶及一般鼻烟壶常见装饰模式，对后世鼻烟壶纹式影响极大。所见锦地有缠枝莲纹、冰碎纹、回字菱纹、曲尺万字不到头等。

缠枝莲纹不仅用于织布细密之锦地，亦见用为主图。今人一般通称为缠枝莲纹或钩子莲，实则可细分为三种：一为缠枝莲纹，花心为中国莲花；一为缠枝宝相花，花蕊内排列宝珠；一为缠枝西番莲纹，以宝瓶式花蕊为特点，有时亦索性洐化成一宝瓶。

掐丝珐琅小件器物，自明初即已突破蓝色釉地之一统天下。入清以来，尤其至雍正、乾隆之时，釉料色谱大大拓宽，地章择色自然更加丰富。就掐丝珐琅鼻烟壶而言，即有蓝、黄、红、绿、黑、紫诸色地，直与当时珐琅彩、粉彩瓷器之多种地色相颉颃，全盛纷呈。

图 14 乾隆掐丝珐琅鼻烟壶上五佛冠仰莲瓣纹

吾国古代艺术纹饰纹样，具有寓千变万化于同一程式之特点。如历朝历代龙纹，所饰器物当以万千计，均可称之为龙纹，此乃同一程式；然其或游或团，或升或降，或穿云逐花，或吐焰戏珠，又件件姿色总有不同处，此则谓之各存变化。此特点在掐丝珐琅鼻烟壶装饰纹样上表现尤甚。上列习见纹饰，每种所见均不止一壶，但除非成对，否则壶形、布局、配色、陪衬图案，绝无尽同。如谓此为单调雷同，则是对吾国艺术传统之误解。

乾隆四十七年，慈宁花园宝相楼内六座掐丝珐琅塔完工，此后宫中珐琅作续无巨制。乾隆五十四年十月十三日奉上谕：“因珐琅处现无活计，分别将官员匠役人等俱归造办处，画珐琅人归如意馆，首领太监归乾清宫等处当差。”细绎此旨之意，当是烧造已多，需求无几，因之裁并机构，然匠役仍在，规模未颓，但从此内务府造办处已无专设珐琅作。嘉庆以后之宫用掐丝珐琅器物均将定单交地方珐琅作坊承造。从北京故宫博物院藏嘉庆掐丝珐琅寿字纹碗及道光五年为永陵烧制之掐丝珐琅五供来看，毕竟是宫中交办，工艺水平尚勉强接近乾隆晚期。

珐琅类鼻烟壶，经乾隆朝燃天炫目之后，台幕徐落。嘉庆朝尚能勉续其盛。至嘉庆十八年，特传御旨：“嗣后不必烧造珐琅烟壶。”可以断言：此后诸朝，宫中绝无再作画珐琅鼻烟壶之举，而工艺繁复之掐丝珐琅鼻烟壶，更在停造之列。当代工艺美术史家及此，每言内忧外患，每况愈下，未免笼统归咎，失之空泛。量皇帝御极，富有天下，国力再

图 15　嘉庆掐丝珐琅万花献瑞锦地开光山水纹鼻烟壶

图 16　道光掐丝珐琅蝈蝈菊石图鼻烟壶

衰再绌，小小珐琅鼻烟壶却未必烧造不起。究其式微之因，端在上之所好有变其一，时俗嬗蜕有变其二，如此而已。

传世掐丝珐琅鼻烟壶中，时见无款或乾隆赝款之器，如英伦莫士撝先生旧藏之万花献瑞锦地开光山水纹鼻烟壶（图 15）、新加坡劳氏修敬堂所藏之蝈蝈菊石图鼻烟壶（图 16）等，整体观之，造型平稳，不及雍乾之翩然端盈；釉色细润，不及雍乾之涵玉沁酥；乾隆朝锦地开光之法已渐少用，主图常绕壶展开，纹饰小节略沾乾隆遗意，主旨则绰然嘉道之风；掐丝之艺，似久缚乍放，拘泥且稍嫌匠气，松缓却失之旷散，然技能颇不俗，殆远非晚清、民国制品可以望其项背。夫一器若此，欲不定其为嘉道时民坊出品，亦不能够矣！

道、咸以降，广州、扬州、九江等处之掐丝珐琅业，息影渐杳。北京珐琅处天子脚下，仰宫风余蕴，萃艺匠云集，却呈一花独放之势。至“咸丰年间，有德兴成、全兴成、天瑞堂等数家，精心研究珐琅一业，始有渐盛”[29]。

咸同光三朝，国门开敞。皇城位机枢首善，入华洋夷驻往熙熙。吾国之手工艺制品彩艳如掐丝珐琅者，犹得渠辈官民士商之喜爱，货市大增。贸易之利，遂使掐丝珐琅厂坊良莠纷出。至光绪庚子拳乱前后，又有老天利、德成、德兴成、洋天利、宝华生、静远堂、志远堂等商号声名鹊起，制品多为中、大型器物，其优良者，品质明丽，颇有可观处。

当年宫制与官贡制品，打造不计工本。同、光以来，西风东渐，民坊生产，已露资本工业之雏形端倪，图利当先，效率为上。为求厚利，新兴技术如机械拉丝机、机模冲压成型、水解电镀等陆续采用，工效提高，手工心手相应之盎趣活韵，却随之淡褪。为求厚利，省工减料之风月弥日甚。

掐丝珐琅如此，掐丝珐琅鼻烟壶

岂能独免。道光时，掐丝珐琅鼻烟壶已多不施内釉，然壶盖塞柱依旧以暖木为之；大约咸、同以后，弃暖木塞柱而不用，将鎏金细匙管扩为一粗铜管，是一身而兼有塞柱与匙管功能，省工减料一法也。工业化之贪利逐新，真吾国古代手工艺美之剜心割喉刀也。

又有新式鼻烟壶出，模仿乾嘉锤鍱錾胎珐琅，实则以掐丝起线，将纹图圈框内点蓝烧蓝，地章则稍施薄金，一任裸露，诩为事半工倍，却像半成之品（图 17）。

统观清晚期之掐丝珐琅鼻烟壶，差强人意者，造型与掐丝尚称规矩，施釉与图案平板单调；其差者劣者，器形臃肿而胎体轻薄，纹饰俚陋而非土非洋、不西不中，掐丝潦草粗疏，釉色亦滞涩混黯。

晚清至民国，乾隆时之纹饰格局，如锦地开光、如意纹颈饰等，复又出现。然此时之缠枝莲纹锦地变得稀疏，如意

图 17　清晚期掐丝珐琅福寿纹鼻烟壶

纹颈饰亦不过粗略大致而已。新出现之锦地纹饰有鱼鳞纹锦地及云纹锦地，足际边饰则有尖菊瓣式与鱼鳞纹式，俱以简便易行为要务。

此时期颇多具乾隆年款之仿品，有龙凤、洪福、博古、缠枝莲、花鸟等传统纹饰，均经简化；其款或随便刻写或铳印方章篆款，却不能算居心蓄意、以赝欺人，不过戏说戏笔，聊以寄托前朝之盛而已。其时之中国，文物积淀尚

图 18 景泰蓝款鼻烟壶

极丰厚，以千年古都北京而论，恐怕家家有古董，户户有文玩。掐丝珐琅鼻烟壶，比不得御瓷宫玉之贵，乃工艺品种中鼻烟壶一小门下之又一小类，并非名品，鲜为人知，即便乾隆真壶，又值几何！仿既难能仿，利又菲而薄，因此当时并无认真造假之人。

别有一种属“景泰蓝”三字篆书款之掐丝珐琅鼻烟壶，余于藏壶之初，便殊加留意。有仿乾隆之扁壶、梨壶、扁葫芦瓶、四瓦楞扁方瓶诸式，亦有仿道光之长颈扁肚式及圆瓶式；纹饰多追循乾隆时缠枝花卉锦地开光手法，开光内则饰松鹤、松鹿、花鸟、丛兰、牵牛花等清末民初流行图案。其仿前朝器形，自然难夸神似，却齐齐整整，颇得几分形似；釉彩艳涂浮摆，缺乏深邃层度，观之却仍许悦目；其掐丝手法，比不得乾隆之鲜活灵动，但也是认真做来，着实不差；电镀口足，也还锃亮均匀（图18）。公允评去，可推为晚期掐丝珐琅鼻烟壶之最佳作品。想必出自某正规厂坊，惜已踪迹无寻矣。

所见“景泰蓝”款掐丝珐琅鼻烟壶，其骨匙之端均裹以白色橡皮膏数层，使之与壶盖下铜管之内径大致同粗，插入铜管后再注入松香加以凝固。考白色橡皮膏于1882年由德国药剂师贝尔思多福（Carl Paul Beiersdorf）发明，经一系列改进，于1922年以后方得到广泛应用，其被挪用于掐丝珐琅鼻烟壶制作上，自当为时更晚，故壶之制作年代至少不应早于1922年。

款识曰“景泰蓝”，既非年款朝号，亦非堂名坊牌，竟直以产品之名印铸其上，且仅见之于掐丝珐琅鼻烟壶，曾为之大感困惑，今可试解之。掐丝珐琅，其另有一约定俗成之名曰景泰蓝，两名通称并用已久，[30]此人所共知。掐丝珐琅，念来晦涩拗口，信世人惯以景泰蓝呼之。光绪三十年，西人出资之老天利珐琅厂，以所制景泰蓝“宝鼎炉”获1904年芝加哥世界博览会金奖；民国三年，再夺1915年巴拿马万国博览会金奖。中国景泰蓝，一时间誉噪国际。此后至40年代，西人大量购买，出口货量巨增。“景泰蓝”之款，初看伦类难归、扑朔迷离；深察制者之用意，当在趁此天时地利之机，依托中国景泰蓝数百年之大名，向海外广而告之，促而销之，或竟以此小小鼻烟壶为馈赠洋商、打开销路之景泰蓝样品，也未可知。业已入藏鄙斋及曾经寓目之“景泰蓝”款掐丝珐琅鼻烟壶，大多遇之于海外，国内绝少，足以举为佐证。

此后之北京掐丝珐琅行业，大小厂坊计七八十家。大者如宝禅寺街之老天利，雇工常三百余人，工序分责，专人完成，产品悉数出口，于上海、汉口设分销处，年交易额多时达十五万余元。多数规模小者，则“多系满期出厂之工徒，在家招收学徒数名，自行制造，门外亦不标明字号，与住家无异，大概亦不呈报营业，以免缴纳捐款”[31]。因“作品类出学徒之手，艺术不精，出品恶劣，中外商人皆不敢尽量收买。至国内如广帮建帮，近不曾来平批货，本市所销售者亦属寥寥”[32]。“二战”期间及战后，出口市场萎缩，大厂亦难撑持，相继倒闭者非止一家。据时人忆述，上个世纪50年代初，林徽因先生等起而拯救国宝景泰蓝，奔走竟日，只于京城寻得小作坊数家，师徒三五，冷炉小灶，于破败凄凉中苟延残喘。此番情景，便有掐丝珐琅鼻烟壶，其品质亦可想而知。

中华人民共和国成立后之景泰蓝掐丝珐琅制品，向来毁誉参半、褒贬不一，自不便置评。然此一时期之掐丝珐琅鼻烟壶，则在题旨范围之内，故仍不免有所涉及。

国共鼎革之后仅八个月，1950年6月，为使景泰蓝“起死回生”，国营北京市特种工艺品公司成立，并于崇外喜鹊胡同属设景泰蓝特艺实验厂。1951年，梁思成、林徽因两先生于清华大学营建系下组成工艺美术研究小组，与特艺实验厂合作研制景泰蓝，并设计新式图案。此即后来所谓“景泰蓝复兴”。1956年，四十二家私营珐琅作坊合为公私合营北京珐琅厂。1958年10月，景泰蓝特艺实验厂并入公私合营北京珐琅厂，成立国营北京市珐琅厂。

1958年6月，国家扶植之第一、第二、第三景泰蓝生产合作社合并，名北京景泰蓝厂，厂址在北京海淀区北太平庄。同年，与玉器、牙雕、漆器等十三行共组北京市工艺美术厂，为该厂下之景泰蓝车间。

至此，北京掐丝珐琅私作散坊，被两大国营景泰蓝基地尽收网罗。如是格局，延续至2001年9月11日，北京市工艺美术厂宣告破产解体为止。

据国际鼻烟壶研究大家莫士㧑先生相告，20世纪50年代末至70年代初，自新中国出口之各种新旧鼻烟壶流动于国际鼻烟壶收藏市场，其中便有相当数量无款或有款之掐丝珐琅鼻烟壶，彼笼统观之，并未细辨其中新旧。

此与当时中国国情颇吻合。新政府急需资金以稳定财政，支付战争与建设费用，出口换汇，于是成为最关紧要之途径。前清及民国之时，出口为私人资本行为，而今则成为国家事业。而当时之中国，并无工业科技之强项可供出口，于是农副、轻工、手工业产品，成为三驾马车。手工业中工艺美术产品换汇额与年俱增[33]，而工艺品中鼻烟壶门下之掐丝珐琅鼻烟壶亦担起一肩之责，当在情理之中。

经函问与电询，国内相关厂家部门，却全无掐丝珐琅鼻烟壶生产记录，库中亦无当年产品样本。

戊子年秋，归国返京，专程前往当年两大国营厂之一、如今硕果仅存之北京珐琅厂，拜访中国工艺美术大师、国家级非遗项目景泰蓝制作技艺代表性传承人钱美华老人（图 19）。

美华老人，林徽因先生高足，50年代振兴景泰蓝产业之初，即追随左右，后任北京珐琅厂总工艺师近半个世纪，谈及该厂数十年之产品，如数家珍。询及掐丝珐琅鼻烟壶，美华老人凝思沉想，慢语轻声，回答则出乎意外，曰：“我们厂从没有做过。”见余面露茫然，继

图 19　著者与国家工艺美术大师钱美华老人

而曰:“可以再问问薛丰年。”丰年老人亦是中国工艺美术大师，1958年即入北京景泰蓝厂，同年并入北京工艺美术厂，后任该厂高级工艺设计师，与美华老人同为新中国掐丝珐琅业之见证人。

之后接美华老人电话，已代为问过，据丰年老人回忆，“他们厂也没有生产过景泰蓝鼻烟壶”。后经亲通音问，求释疑团。丰年老人答曰:“景泰蓝生产成本太高。我记得设计生产过的小件，只有小碗、果盒、糖罐儿一类国外有定单的，国内也好卖的。鼻烟壶，那会儿谁还用啊！国外没定单，件小，费工，换不回多少外汇，不值得一做，更甭说还带乾隆年款的！”

钱、薛两先生之言，源于亲接目睹，自是可信。然细析之，美华先生参与创建之景泰蓝特艺实验厂未曾做过，可以肯定；景泰蓝特艺实验厂与公私合营北京珐琅厂于1958年合并成立之国营北京市珐琅厂未曾做过，亦可以肯定。然那四十二家私营珐琅作坊，于1949年至1956年间未合并成立公私合营北京珐琅厂之时，则未必未曾做过。而合并之后之公私合营北京珐琅厂，于1956年至1958年未与景泰蓝特艺实验厂合并成立国营北京珐琅厂期间，亦未必未曾做过。同理，1958年6月，由第一、第二、第三景泰蓝生产合作社合并成立之北京景泰蓝厂此后未曾做过，可以肯定；然那三家景泰蓝生产合作社在合并之前之九年间却未必未曾做过。且市卖小件如鼻烟壶者，生产周期短，滞压资金少，销路亦稍广，正是私家小坊便宜选项。

望月山房藏品中掐丝珐琅锦地开光熊猫图鼻烟壶一枚（图20），款识沿用民国时“景泰蓝”款，图则是新中国后始声名益彰之国宝大熊猫，无疑是私家工坊进入新中国时期之作品。另有属“乾隆年制”赝款之暗八仙纹长颈瓶式壶（图21），掐丝散陋呆滞，釉色鲜艳，平滑闪亮如玻璃，显然为新试制之化工釉料，

图 20　新中国掐丝珐琅熊猫图鼻烟壶

图 21　新中国掐丝珐琅暗八仙纹鼻烟壶

极稀薄之电镀金，亦为新中国时期之作品，但其制作年代，绝不应晚于 1959 年。

莫氏所言出现于国际市场之掐丝珐琅鼻烟壶，其中新中国新制者，当是这一时期（1949 ~ 1959）之产品。

关于新中国所制掐丝珐琅鼻烟壶，国际间鼻烟壶学者之著述当中，亦有相关数条可资参阅。

英国著名鼻烟壶学者莫士㧑等三人合著之《中国鼻烟壶艺术：小有洞天藏品》，当论及一组清晚期掐丝珐琅鼻烟壶时曾云："如此组掐丝珐琅鼻烟壶所具有之纯粹之技术质量，直至 1955 年以后之北京制品问世之前，未再出现过，而是时之北京制品，其技术掌控达到极端，终致掐丝珐琅之艺术服从于单纯技术之展示。"[34]

莫氏所言，并无大错。对景泰蓝技术之掌控，正是新中国景泰蓝工艺所刻意追求者：工业化规范化之管理，流水线式分工，以设计图纸为标准，同式同纹之器，掐丝纹样与点蓝之色，必要件件全同。传统手工艺术讲求之任意灵机，从此休矣！

然是言但经转述引申，则时遭曲解，由纯技术之极端掌控，引变为艺术之绝伦高超。资深藏家丹尼斯・劳于其《劳氏修敬堂鼻烟壶藏品集》中评点所藏清掐丝珐琅蝈蝈菊石图鼻烟壶时称：“依莫士扔之言，20 世纪 50 年代北京各类艺术之复兴中（尽管大多致力于制作有乾隆赝款之器物），掐丝珐琅工艺之技艺精娴，方达到超乎寻常之水平，因而此壶显而易见之高超技术掌控，出现在 20 世纪 50 年代之前，极为罕见。”[35]

莫氏之言，于新中国掐丝珐琅革命暗达贬意，而劳氏虽未直呼新中国掐丝珐琅鼻烟壶之佳，却对新中国掐丝珐琅技术、进而对其艺术水平大抒褒意。读者难免据此推绎：新中国之掐丝珐琅技艺既佳，若制掐丝珐琅鼻烟壶，技艺亦必佳。

首赞新中国掐丝珐琅鼻烟壶之制者，乃美国著名鼻烟壶学者史蒂文斯。其《鼻烟壶收藏者之书》中称：“当代掐丝珐琅之鼻烟壶，制作绝佳。此等新制之壶，均俱远更明艳之色彩，亦俱优美之细部设计。几似流水作业线之产品，明显新制，如崭新铸印之硬币。近来数年，中国人已造出大量技术完美之掐丝珐琅鼻烟壶。”[36]书之前言，开宗明义：“于鼻烟壶这一媒质之中，可发见中国艺术所有谱系之缩影，因此本书面向新、老藏家及潜在之未来藏者，亦面向对中国艺术泛感兴趣之人士。余切望读者，尤其新入此道之藏者，能于书页中觅得所求之知识。”[37]是书 1976 年问世，之后一版再版，于欧美鼻烟壶界影响特深。

史蒂文斯关及现代中国掐丝珐琅鼻烟壶之论及对莫士扔论现代中国掐

丝珐琅技术掌控之误释，已成欧美鼻烟壶业界众奉不渝之主导思想。如纽约苏富比2004年春季鼻烟壶专场拍卖图录，其对87号拍品“北京工艺美术厂制掐丝珐琅鼻烟壶一对”所作说明即因袭其说：“1955年后之艺术与工艺美术复兴之中，于北京工艺美术厂治下，掐丝珐琅成为技术完美上升至巅峰之艺术之一。就技术而言，较其更好之作品从未曾有。此两壶均为位于北京西郊之北京珐琅厂所制，属较少见形式之一”[38]云云。

余素耽佞古之癖，将古比今，向谓社会主义新时代之艺术品工艺品，新自新矣，举目望去，红旗招展，口号喧天，不免生“万般皆下品”之叹。而掐丝珐琅器以至掐丝珐琅鼻烟壶，竟能一枝独秀，迈越前朝，为新中国社会主义革命浪潮中一大异数，果如此，自当乐见其成而额手称庆矣。惜实情非是哉。

当时之工艺美术界，林徽因先生可谓一言九鼎。《清华大学营建系景泰蓝新图样设计工作一年总结》一文，可视为新中国“景泰蓝复兴”之理论宣示与总结。文中对旧时景泰蓝颇陈微辞：

“对于旧作风的景泰蓝，有人往往只注意到花纹的繁琐零碎，而赞美其精致工细。这是片面的看法。精致工细，单纯从技术上看，工匠师傅的技术水平是达到了惊人的高度。但是做得细致并不等于好看，就如涂脂抹粉、描眉勾额并不一定就是美人。一件非常丑怪的东西也可以做得非常细致。而且往往过分的装扮恰恰就变成了丑怪。盲目追求精致工细是没有意义的，而且是一种浪费。而且这正是过去封建统治者扼杀我们创造力，压迫我们，窒息我们发展的手段。以无限制浪费人工材料为美的标准，是腐朽的残暴的封建主义的特征之一。”

又道：“过去的景泰蓝，例如大家一向推崇的乾隆时代的景泰蓝，是只宜于近看的，因为唯有拿在手中仔细端详才能看出丝工的精细。但在配色上，不调和的居绝大部分。”[39]

所谓“王言如丝，其出如纶；王言如纶，其出如綍”，以林徽因先生之地位，出贬旧之言于上，必致弃古之实于下。乾隆朝掐丝珐琅器“精致工细”之风，想必亦从此威名扫地矣。而乾隆掐丝珐琅鼻烟壶，乃“精致工细”中最最“精致工细”之品，且勿论超越其技，即便冀图复现其神姿妙诣，嘉庆、道光之艺匠作手已不能够，遑论社会主义新时代之“革命的工人阶级”！时迁世殊，心不同，手必异。至于仿循乾隆古典，想摹仿者亦不能，何况并不想摹仿者哉。且当时高倡之“总路线”，乃“多快好省地建设社会主义”。讵知既多、且快、又省，那“好”之一字，焉得存身！那“精致工细”，从何而来！史氏所赞之“制作绝佳”又从何而来！

新中国后所制之掐丝珐琅鼻烟壶，以余观之，较改革开放之后个体小厂之产品，即全无掐丝与珐琅可言、色泽浮腻如新涂油漆、胎体轻飘如罐头薄铁、被今人谑之为“景太烂”者，自是高明许多，却仍属造型呆板、纹饰乏味、丝工平平无奇一流，有新时代之俗，无旧皇朝之雅，论技论艺，与史蒂文斯等“完美”、“巅峰”乃至“从未曾有”之评，相距太远。每思及此，便恨欧美诸家未见、或见而未识当年大清雍乾之制。

更有欲论者，内画壶大师王习三先生于《内画鼻烟壶源流》一文中曾道：“回忆1958年至1960年期间，我在北京工艺美术研究所工作时，外贸公司曾把不少民间收购来的画面模糊不清或画技低劣的旧鼻烟壶委托我们磨洗后重新内画，现在回想起来，其中很有可能就有甘烜文或更早期的其他人的作品。但由于当时的各种局限，未能加以保留，也未能拍摄照片留作研究资料，诚为憾事。每每想起，追悔莫及。”[40]外贸公司既然自民间收购，则其范围绝不应仅限于内画旧壶，必有旧作掐丝珐琅鼻烟壶在内。

鼻烟壶研究家黑冠宇先生自1954年至1989年任职北京外贸公司，负出口文物艺术品鉴定之责达三十五年之久，正乃此段鼻烟壶出口历史之当事人。据其回忆：“那时候的鼻烟壶都要用簸箕来撮，根本无法统计数量。各地生产制造及‘文革’时抄来的，各种各样的鼻烟壶堆积如山。我负责的就是把最好的东西挑出来留下，但是，能留下来的只是很少的一部分，大部分都卖给了国外。”[41]

由王、黑两先生所述可推知四端。

其一：由各地生产制造、自民间收购与“文革”中抄没，乃外贸公司出口各类鼻烟壶之三大货源，且数量巨大。这其中包括掐丝珐琅鼻烟壶，有新中国制品，更有清代至民国之旧作，自不待言。本书所著录之旧作掐丝珐琅鼻烟壶，均来自海外，即便在国内上拍者，亦绝大多数为海外回流品，亦是有力旁证。就数量而言，这便与前引莫士扐先生相告之“流动于国际市场”两相吻合。而在这些出口掐丝珐琅鼻烟壶中，大多为清代至民国之旧作，新中国新制掐丝珐琅鼻烟壶，所占数量必不很多，否则同代同业之人如钱、薛两先生，如前所述，何以竟毫无印象！

其二：1992年出版之《中国鼻烟壶珍赏》之“出版说明”写道：“由于这本兼具鉴赏与学术价值的画册是第一本由中国文物界精英群策群力编写的，在集稿过程中又得到国家文物商店和各大博物馆最广泛的支持，因此，它的问世，或可视为一次检阅。”[42]而掐丝珐琅鼻烟壶，书中仅录两只，俱为晚清制品，由此可见国内存藏掐丝珐琅鼻烟壶之少。何以至此？当年大量出口换汇乃一重要原因。

其三：既然壶分新旧，款别真赝，故鉴新旧之分，定真赝之别，实是至要攸关。惜当时出口务急,并未细细做来。忆及历年来搜集掐丝珐琅鼻烟壶，尝于海外各大小拍卖行及各家古玩商处，不止一次看到成批之掐丝珐琅鼻烟壶，数枚乃至数十枚不等,组成一个售卖标的,往往无底价或标价极低，应是当年批量购入者，年代虽笼统定为19世纪或20世纪，却曾从中拣得过乾隆真壶。出口之时及出口之后年代鉴定之疏漏，由此可见一斑。

其四:至关重要者，前引史蒂文斯先生书中“近来数年，中国人已造出大量技术完美之掐丝珐琅鼻烟壶”之“大量”两字，恐是将同时出口至海外之掐丝珐琅鼻烟壶，未论新旧真赝，统统归为新制产品所致。

史蒂文斯先生书中曾谈及新旧掐丝珐琅鼻烟壶之鉴别:“收藏者多倾向于关注表面之现象，诸如掐丝珐琅壶之风格、细节及外观，却不对其年份付诸应有之考虑。那些确有年份之壶，乃一望而知之老旧，显得曾经折磨，通常或有磕斑坑洼、擦划痕迹，或有渐磨悄损。鼻烟之壶，如年过半百之人，通常貌如其岁。”[43]

笼统言之，是说似合情理。然鼻烟壶以至掐丝珐琅鼻烟壶，毕竟属细用袖珍之物，造办处宫档中屡见制作“盛鼻烟壶口袋”之记载，时用绣缎，时用编织，如雍正四年九月初二日“郎中海望奉旨:挂钩绣绒鼻烟壶套做几个，比先做过的略放大些，钦此”。又如雍正七年闰七月二十七日传旨:“黄缎盛鼻烟壶口袋不必织胡椒眼。”[44]余亦曾亲见清代麂皮制盛鼻烟壶口袋，配红珊瑚坠勒子，柔软如婴儿肌肤，足见昔时食鼻烟者对爱壶呵护有加。因此各类传世鼻烟壶中，不惟掐丝珐琅鼻烟壶，碰摔破相大残者，传世品中卅不一见。掐丝珐琅壶之外体，除抗锈蚀之鎏金，便是耐摩擦之珐琅，磨损更为不易，观两岸故宫及公私所藏中可确定为雍乾之制、乃至少数嘉道制壶，因品质精良，至今多鎏金仍辉璨，釉面仍洁润，不知者或误断为新。反倒是晚清、民国乃至新中国所制掐丝珐琅鼻烟壶，或镀金稀薄，或全无镀金，旦经汗手盘挲或潮积尘搁，不久即可露现铜色，呈锈透久用老旧之相（图 22）。因此，若依伤损程度定老旧，以老旧貌相定年代，难免差误。故云：壶之旧相者或为老，而老者却未必旧相，当因壶而论。

新壶招溢美之词，则尚无大碍。

图 22　晚清掐丝珐琅缠枝莲纹铺首耳鼻烟壶

真品处贬谪之冤，却委实不公。国际间确有疑惑人（如莫士㧑先生本人，接阅所寄图片，即惊呼不已，随即坦承：确曾注意到新中国出口之掐丝珐琅鼻烟壶中，混有技艺绝伦、疑似乾隆真品之壶。然因并未关心且信息有限，数十年间，便一直统统归为新壶），然莫氏之新中国掐丝珐琅“极端技术掌控论”及史氏之掐丝珐琅鼻烟壶“新旧鉴别法”在国际鼻烟壶界早已深入人心，难以撼动，所谓冰冻三尺，焉能一日消融。外贸出口时已鱼龙混杂，将新旧真赝不一之掐丝珐琅鼻烟壶名目价格等同处治；殆一同来至海外，又因金光釉泽、品相佳好而遭新旧误判：不少晚清民国制壶因少金多锈、釉色粗暗、尘污斑斑而被断为早期，反是若干真正可称为“完美”、“巅峰”或“从未曾有”之雍乾作品，尤其以纽约大都会博物馆所藏松鹤纹“乾隆年制”款一枚（该馆定之为 18 世纪制品，可谓独具慧识，参见本书述例 17），北京观复博物馆所藏博古纹“乾隆年制”款一枚（该馆定之为乾隆制品[45]，参见本书述例 18）及张宗宪先生“荷香书屋”所藏花鸟纹“乾隆年制”款一枚[46]（图 23、图 24）为代表作之乾隆掐丝珐琅鼻烟壶，技艺堪称吾国掐丝珐琅制作史与掐丝珐琅鼻烟壶制作史之最（壶形端庄优美，掐丝华丽繁缛，天然釉料鲜明细润，纹饰色地丰富多变，与乾隆晚期掐丝珐琅器物韵出一致，极似乾隆晚期官窑瓷器风格，底镌精湛之“乾隆年制”楷款，壶膛内部处理、壶塞作法、施金方法均与清中晚期后制壶及后之仿者迥然不同，应或是乾隆年间外关外坊所制之壶，如九江关督贡入之类，或竟是宫廷制壶中不为今人熟知之另种），却往往令已被古今中国人文物造假技能吓得惊魂不定、且对新中国 50 年代“景泰蓝复兴”不明底里之西方鼻烟壶研究收藏界狐疑不已，流离于海外藏家与商家之间多年，无法确切断代，胶柱鼓瑟，

图 23 张宗宪藏掐丝珐琅鼻烟壶

图 24 “乾隆年制”款

笼统推托，或归为 19 世纪制品，或归为民国制品，强作解人之甚者，竟妄加臆测，以为新中国工业化之珐琅工厂“文革”前至“文革”中之产品，乃出自“抓革命，促生产”之工人之手。可叹外国人言中国事，往往荒唐一至于此！

纵观掐丝珐琅鼻烟壶之源流，澜起康雍，涛巅乾隆，此后波浪渐缓渐驰，终归平寂。嗟乎！艺事如世事，兴亡盛衰，天运命定，孰能逃乎大造。

注 释

[1]“雍正元年正月初九日，怡亲王交来红玻璃磨福寿圆鼻烟壶一件，洋漆按簧鼻烟壶一件，镶珊瑚兽面白玻璃鼻烟壶一件，雕刻象牙椰子鼻烟壶三件，镶玛瑙按簧鼻烟壶一件，绿玻璃油篓式鼻烟壶一件，红玻璃烧珐琅油篓式鼻烟壶一件，红玻璃油篓式鼻烟壶三件，镶嵌珊瑚葵花蜜蜡兽面蓝玻璃鼻烟壶一件，金星五彩玻璃鼻烟壶二件。”雍正帝即位不出九日，内廷何来如许多样之鼻烟壶？必是康熙宫造旧存。见《清宫内务府造办处档案总汇》第 1 册，3~4 页，人民出版社，2007 年。

[2] 见吕坚《康熙珐琅琐议》，载故宫博物院院刊，1981 年第 3 期，93~94 页。

[3] 内务府《记事录》：“乾隆二十年正月十一日，员外郎达子、白世秀来说，太监胡世杰传旨：京内造办处各作，着搬挪圆明园去。钦此。”

[4] 如《各作成做活计清档》记雍正五年九月“二十八日，郎中海望持出掐丝珐琅瓶一件，系景泰年制。奉旨：瓶上螭虎款式好，尔等照样烧造珐琅瓶，其螭虎亦照样做”。两天后，即同年九月三十日再奉旨：“收小或高二、三寸至四、五寸做几件。”见《清宫内务府档案总汇》第 2 册，541 页；第 3 册，258 页。

[5] 见《清宫内务府造办处档案总汇》第 1 册，291 页，人民出版社，2007 年。

[6] 见张临生《本院藏的鼻烟壶》，载《故宫鼻烟壶》第 13 页，台北故宫博物院，1991 年。

[7] 见《清宫内务府造办处档案总汇》第 1 册，166~167 页。

[8] 见《清宫内务府造办处档案总汇》第 1 册，19 页。

[9] 引自张荣：《清代乾隆朝掐丝珐琅器综述》，见《绚丽、华贵、至尊：香港张宗宪先生珍藏御制宫廷掐丝珐琅特展》，苏州博物馆编，古吴轩出版社，2007 年。

[10] 见 2005 年《观复》图录，69 页。

[11] 见《金玉满堂掌中宝：香港张宗宪先生藏鼻烟壶特展》图录，苏州博物馆编，183 页。

[12] 见中国嘉德 2012 年春拍“盈寸盛妍”鼻烟壶专场图录，拍品 3268 号。

[13] 见《清宫内务府造办处档案总汇》第 8 册，535 页。

[14] 见《清宫内务府造办处档案总汇》第 17 册，33 页。

[15] 见《清宫内务府造办处档案总汇》第 32 册，578 页。

[16] 见《清宫内务府造办处档案总汇》第 32 册，587 页。

[17] 杨伯达:《中国古代金银器玻璃器珐琅器概述》，见《中国美术全集 · 工艺美术编 10 · 金银玻璃珐琅器》，26~27 页，文物出版社，1987 年 3 月。

[18] 见《清宫内务府造办处档案总汇》第 9 册，737~738 页。

[19] 据《扬州画舫录》：王世雄“攻珐琅器。好交游，广声气，京师称之为珐琅王”。

[20] 分见《清宫内务府造办处档案总汇》第 40 册，110~111 页，及第 44 册，372 页。

[21] 雍正十一年二月初七日：“近来朕看得总管太监等传做活计，亦不奏明，往往擅自传做，尔等即应承做给，以致耗费钱粮。嗣后凡有一应传做活计等项，不可即做，如有传旨着做，尔等亦宜请旨，准时再做。再，造办处所管匠役不可私做活计，当严加申饬禁止。钦此。”见《清宫内务府造办处档案总汇》第 5 册，629 页。

[22] 见《清宫内务府造办处档案总汇》第 44 册，372 页。

[23] 引自《掌中珍玩鼻烟壶》，张荣、张健著，地质出版社，1999 年。

[24] 见《清宫内务府造办处档案总汇》第 54 册，706 页 。

[25] 内廷曾专就宫档文词束以规范。《珐琅作》清档记：“雍正三年九月初五日郎中保德等奉怡亲王谕：凡有交下来的活计，只写交活计人名，不可写‘交下’字样。遵此。”查是后之宫档，遇此情形俱用“交来”。或以“下”为贱而不吉也。

[26] 如“乾隆十一年四月二十日奉旨：准泰此次所进之物甚是平常，前曾降旨令将紫檀木小香几格架不必再进，此次仍行进来；再珐琅器皿小瓶亦属太多，牙花珐琅盆景俱不成对，可传谕准泰，似此俗巧之物，嗣后不必再进，钦此”。见《清宫内务府造办处档案总汇》第 16 册，477 页。

[27] 全诗曰：“生生精陶出处州，近千年物拟琳球。设云如式海棠插，花弗合春却合秋。”见《御制诗四集卷之二十八》。

[28] 见《清宫内务府造办处档案总汇》第 40 册，110 页。

[29] 引自《北平珐琅工业近况》一文，见《经济半月刊》，1928 年 7 月号。

[30] 如《各作成做活计清档》记：“雍正六年五月初五日据圆明园来帖，本月四日，怡亲王、郎中海望呈进活计，奉旨：…… 今年珐琅海棠式盆再小些。孔雀翎不好，另做。其仿景泰蓝珐琅花瓶不好。钦此。”

[31] [32] 引自《北平珐琅工业近况》一文，见《经济半月刊》，1928 年 7 月号。

[33] 1955 年，工艺美术品换汇额 1700 万美元，至 1975 年，已增至 4 亿美元。参见季龙主编《当代中国的工艺美术》，中国社会科学出版社，1984 年。

[34] 译自 Hugh Moss,Victor Graham and Ka Bo Tsang: *The Art of the Chinese Snuff Bottle——The J&J Collection,* Weatherhill Inc. 1993, p.445。

[35] 译自 Dennis S. K. Low: *Chinese Snuff Bottles: From the Sanctum of Enlighened Respect III*，Asian Civilisation Museum Singapore and Laurence King Publishing Ltd. 2007, p.343。

[36] 译自 Bob C. Stevens: *The Collector's Book of Snuff Bottles*, Weatherhill Inc.1994, p.263。

[37] 译自同上 p.xii，p.xiii。

[38] 译自 Sotheby's *Fine Chinese Snuff Bottles from the Collection of Robert & Molly Hsieh and Various Private Owners*, New York, March 23, 2004, p.46。

[39] 见 1951 年 8 月 13 日《光明日报》。

[40] 见《中国鼻烟壶珍赏》，三联书店香港有限公司 / 台港文化事业有限公司，1992 年，226 页。

[41] 见互联网“互动百科”相关词条。

[42] 见《中国鼻烟壶珍赏》，三联书店香港有限公司 / 台港文化事业有限公司，1992 年。

[43] 译自 Bob C. Stevens: *The Collector's Book of Snuff Bottles*, Weatherhill Inc.1994, p.263。

[44] 见《清宫内务府造办处档案总汇》第 2 册，31 页；第 3 册，631 页。

[45] 见 2005 年《观复》图录，69 页。

[46] 见《金玉满堂掌中宝：香港张宗宪先生藏鼻烟壶特展》图录，苏州博物馆编，183 页。

制艺

掐丝珐琅鼻烟壶，人或归之芥门粒属，雕虫小技。然放之宏观，其与当时艺术之朝代氛围声气相通；置之微察，又必具备当时掐丝珐琅工艺诸特征。滴水见海，此其谓也。

掐丝珐琅鼻烟壶，以造型为体骨，丝纹为筋腱，釉色为肉肤，金泽与抛光为头面妆敷，此言其大概。细分之，虽物小仅盈一握，工序繁复近四十道，较之大器，技或有更难施展处。以掐丝、点蓝两工序论，能掐、点纤图小器，必能掐、点宽样大器，反之则未必。故一朝掐丝珐琅之鼻烟壶，必代表一朝掐丝珐琅器制艺之最高水平。

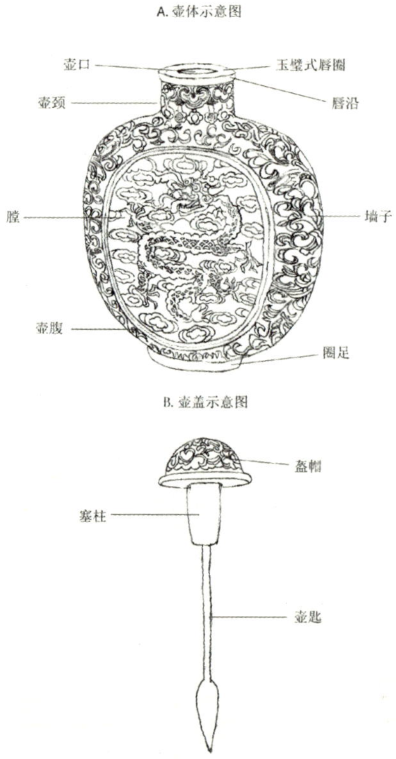

图 25　鼻烟壶示意图（李晓军绘图）

制胎

制胎之料，贵取红铜。明宋应星《天工开物·铜》：“凡铜供世用，出山与出炉，止有赤铜。以炉甘石或倭铅参和，转色为黄铜；以砒霜等药制炼为白铜；矾、硝等药制炼为青铜；广锡参和为响铜；倭铅和写为铸铜。初质则一味红铜而已。”红铜即纯铜，又称紫铜、赤铜，糯腻凝匀，抻延伸展，易于成型。

清代至民国所制掐丝珐琅鼻烟壶，少数金胎银胎之外，俱以红铜为胎。数乾隆壶之铜质最纯，有压手凝重感。

清代与民国掐丝珐琅器制胎，一如明代，手法多端，有库、勾、勒、点、錾、托、剔、挤、铸诸法，方圆扁椭，起鼓打洼，随心所欲，无型而不能。鼻烟壶属小件，胎之成型多为分部捶打之后合对焊接成型，亦有冲压成型。如乾隆三十九年《照金塔式样成造珐琅塔一座销算底册》（后称“销算底册”），记制胎匠工分为大器匠、锉刮匠、合对匠、收搂匠、攒焊匠。[1]此工序之分，亦适用于铜胎掐丝珐琅鼻烟壶。

掐丝珐琅鼻烟壶铜胎之分部捶打与合对焊接，大致有如下方式：曰上下相接，曰拼块相接，曰分段相接，曰边面相接，曰对剖相接。道光以后，工艺规范渐渐松弛，壶内接痕，清楚可见。康雍乾三朝制壶，窥照壶内露胎处，浑然圆成，全不见焊接痕迹，堪称一奇。承钱美华大师相告，对缝之边缘，或锉出齿纹，两相间插，或打薄各半，彼此交搭。经入火赤炽，于是焊缝熔没。

掐丝

掐丝之工，以《销算底册》中诸工序外雇工为例，填蓝匠七百八十三工，凿錾匠六百九十三工半，其余大器、锉刮、合对、攒焊等不过一二百工，而掐丝竟达一千三百七十一工，足见费工最久，耗银最昂。[2]盖掐丝之于掐丝珐琅，一如画绘之线条，图案成象，端赖于此。如前所述，镊夹铜丝而弯掰勾勒，大样易而入微难。倘施细纹密丝于小小鼻烟壶之上，则更属难上加难。

明代掐用之铜丝，乃捶薄铜片，以剪刀剪之成丝。大约于康熙晚期，匠师创成手摇压丝机，即摇转两精钢滚筒，将红铜油丝压扁，无宽窄厚薄不均之弊，且丝条更为细韧，易于委婉。手摇压丝机乃吾国掐丝珐琅史上划时代之产物，致使雍正朝风观轨变，开丝艺典雅绮秾之先河，并终在乾隆朝被推至极致。

晚清时采用拔丝新技术：将铜条切成细条，穿过钢板上锥出之小孔，拉拔为均匀之铜丝。

康熙朝掐丝珐琅鼻烟壶，就仅存遗物观之，与康熙朝一般掐丝珐琅器同步：有单丝描写，遒劲淳秀，仍具晚明掐丝珐琅器遗意；又有双丝勾勒，庄整俊朗，开有清一代丝艺之先河。

传世之雍正掐丝珐琅壶均为单丝构图，行丝森丽规正，繁简得当，接丝转拐处弯婉舒顺。

据乾隆元年内府造办处《记事录》载：五月二十日“奉旨：鼻烟壶上花卉画得甚稀，再画时画稠密些，俱各落款，钦此”。[3]君临天下之初，即降旨言明奢荣繁盛之艺趣，究其根本，承祖父荫佑之外，终在乾隆帝禀赋之健、气数之旺也。帝尊之嗜尚，启乾隆朝一朝富丽堂皇、画缛绘细之艺风，固不独在鼻烟壶一门、画珐琅鼻烟壶一类。

乾隆朝掐丝珐琅鼻烟壶之丝艺，后世难以望其项背者有三。曰精：用丝如用笔，直如弦，弯如月，锐如钩，犀利挺拔，勾回飞顿，陡弯屈折，丝丝见笔意，最于细节之处见精神。曰严：正反匹配，左右对称，绝无疏忽处，真所谓一丝不苟也。曰密：花织锦簇者，几密无隙地，却铺布均匀，妙意入微，小小一壶，丝纹遍体，所费铜丝长度，竟可达数米，

图 26　乾隆掐丝珐琅鼻烟壶之锦地一

图 27　乾隆掐丝珐琅鼻烟壶之锦地二

图 28　民国壶之锦地

为观之止（图 26、27）。且掐丝成图后，更须以丝镊一一夹起，沾白芨黏汁摆置于壶身上，不得偏倚失位，不得疏密不均。承钱美华大师见告：如此丝工，少不行，老不行，须心明眼亮、技艺娴熟之壮年匠师，方可掐得。

掐丝珐琅勾勒枝蔓之法，单丝早而双钩晚。单丝乃纯粹国风，双钩受西风熏染。元明均为单丝，与当时瓷绘同步；双钩见于康熙中、晚期，盖西洋巴洛克—洛可可纹饰盛传入华之始也。此后之掐丝珐琅大器，枝蔓多采双钩，以其精整醒目也。掐丝珐琅小壶则不然，可谓不薄单丝爱双钩。两者之施用，泾渭分明：凡西洋巴洛克—洛可可式缠枝花纹，花必西番花，叶必西番叶，以双钩枝蔓；中国传统缠枝花纹，或宝相，或莲，叶叉三芽，或片片沿枝排列，则单丝枝蔓，仍具明代掐丝珐琅器遗意。

嘉、道两朝以降至民国之掐丝珐琅鼻烟壶，掐丝之差者，劣陋疏落，几不堪入目；佳好者，尚称能品。然距雍正、尤其乾隆壶掐丝之无象不逮、神采斐然，已不逮远逊矣（图28）。

晚清以后，为提高工效，遇重复连续或两两对称之图案，如菱形回纹、云气或花朵，多采用“膘活儿”：以膘胶将丝缕粘结成束，笼总掐之，再清水解膘，是掐丝一次，可得同图多件。如此出活虽快，犄角旮旯细节处，却往往含糊简化，大不如个花单掐之能曲尽其致也。

釉料

掐丝珐琅器釉料与画珐琅器釉料之原料配方，本无大异。本料“每斤（乾隆制十六两一斤）用马牙石面（即石英）十两、定粉八两五钱、盆硝八两五钱、砒霜一两二钱、硼砂三两六钱、紫石一两五钱”配合炼就，各种颜色则添加不同着色剂，如配一斤大红，需加红铜末六两，配一斤粉红，需加金叶五分、镪水二两、硇砂二两，诸如此类。[4]惟画珐琅釉以多尔门油调合，以便涂画皴染，掐丝珐琅釉则以清水浸漂，待其沉淀，点入丝框。不言而喻，自康熙以往，一朝掐丝珐琅鼻烟壶所用釉料品色，自应在该朝掐丝珐琅所用釉料品色范围之内。

一如明代，康熙朝掐丝珐琅仍为西洋进口釉料。于康熙晚期，珐琅匠师如潘淳等已在自制珐琅釉料，[5]然品种单一，且在试用阶段。故当时所用釉料品色，应同于晚明掐丝珐琅器，惟质色稍差。

雍正初年，西洋进口釉料仍时有舶来。如雍正时刊《广东通志》卷五十八载：“雍正四年五月，西洋国复遣使进贡各色珐琅彩料十四块。”造办处明确奉谕自行试炼珐琅釉料，时在雍正六年二月廿二日："柏唐阿宋七格等奉怡亲王谕：着试烧炼备用珐琅料。"[6]

至雍正六年七月十二日，造办处有记档一条："七月十二日据圆明园来帖内称，本月初十日怡亲王交西洋珐琅料：月白色、白色、黄色、绿色、深亮绿色、浅蓝色、松黄色、浅亮绿色、黑色，以上九样。旧有西洋珐琅料：月白色、黄色、绿色、深亮蓝色、浅蓝色、松黄色、深亮绿色、黑色，以上共八样。新炼珐琅料：月白色、白色、黄色、浅绿色、亮青色、蓝色、松绿色、亮绿色、黑色，共九样。新增珐琅料：软白色、香色、淡松黄色、藕荷色、浅绿色、酱色、深葡萄色、青铜色、松黄色，以上共九样。郎中海望奉怡亲王谕：将此料收在造办处做样，俟烧珐琅片时背后俱落记号。"[7]

查档中新炼珐琅料，除浅绿色外，与旧有西洋珐琅料品色全同，而称之"新炼"，当为造办处珐琅作接怡亲王谕后，依西洋珐琅料品色试制之国产釉料。档中之"新增珐琅料"，品色则与旧有西洋珐琅料全然不同，故当是自制创新之国产釉料。雍正七年闰七月初九日珐琅作档记"本月初八日怡亲王交年希尧送来……吹釉炼珐琅人胡大有一名……土黄料三斤十二两，雪白料三斤四两，大绿一斤，白（自）炼樊红一斤，白（自）炼黑钧料八两"[8]。同年十一月初二日、二十日、二十六日及同年十二月二十日，又有多次传命珐琅作烧炼珐琅料并炼成备用之记录。如"十一月初二日，郎中海望、员外郎满毗传：为陆续烧造珐琅活计，着炼珐琅料三十四斤备用。记此。于本月二十日烧炼得各色珐琅料三十四斤，陆续画活计用讫"。又如"十一月二十六日，又传：为陆续烧造珐琅活计，着配珐琅料广白二十斤，月白二十斤，松绿五斤，大绿五斤，水黄十斤。记此。十二月二十日炼得，陆续画活计用讫"。

可知自炼国产釉料其时已堪大用。釉料原矿之产地，有云云南，有云淄博，莫衷一是。

至乾隆朝，在原有釉料基础上，又兴试炼新釉料之举。据《乾隆八年各作成活计清档》，六月十七日“柏唐阿双桂来说，催总邓八格奉旨：‘此掐丝珐琅颜色七八样，甚少，多拣些颜色烧掐丝珐琅活计。钦此。’于本月二十九日催总邓八格试炼得掐丝珐琅颜色十八样，持去交太监高玉等呈览，奉旨：‘再烧造掐丝珐琅器皿活计等件，用此十八样颜色成造。钦此。’”[9]

乾隆朝包括掐丝珐琅鼻烟壶在内之掐丝珐琅器物，釉色极大丰富，着实有其物质与技术之强大实力支持。

炼得之珐琅釉料，乃本色料。谛观鼻烟壶上之施釉，多有两种本色料调和使用，如红白相熔成淡红、红黑相俏得深紫红、蓝白黑相间得大理石灰等等，故能在本色料基础上再变化出多般色调。恰因康、雍、乾三朝不断试炼多样珐琅釉料之成功，方有雍、乾两朝珐琅彩粉彩瓷器与包括掐丝珐琅鼻烟壶在内之掐丝珐琅器物之缤纷绚丽。

今人言及乾隆掐丝珐琅鉴伪之法，每转袭赵汝珍《古玩指南》中所云：“乾隆所制者，以黄、白二色为最佳。其黄色黄而发干，与煮熟之鸡蛋黄相同，后仿者则多黄中发绿或发红，与乾隆之干黄终不相似。乾隆之白色亦最难仿。其故有二，一因其白色与车渠石色无异，仿者须用六品顶珠为之，然顶珠不易得也；一因其白色白而且干，后之作料家虽亦发明一种干料，但烧时不易熔化，比之他料，吃火为甚，非精匠为之，器易受伤也。”[10]

此说振振有词，似言之有据，因此流误甚广。实则雍、乾两朝包括掐丝珐琅鼻烟壶在内之掐丝珐琅器釉色，极为丰富。一种色调之，又有变种品色。据宫中记档及观察遗存实物，如黄色，至少有明黄、娇黄或蛋黄黄、松黄、姜黄、杏黄、鹅黄、草黄、浅松黄、柠檬黄；白色，至少有砗磲白、月白、软白，更有干石灰白。故谓乾隆一朝，漫漫六十年，宫中奉其年号又四年，内府及各地所制掐丝珐琅器当以万千数计，而黄只一种黄，白独一样白，可据之断代，实难苟同。

据造办处档案记载及传世实物，朱家溍先生《铜掐丝珐琅和铜胎画珐琅》一文，将黑色釉料列为乾隆时始现之新品色[11]，有误。同文谓砗磲白一色，至乾隆时"变成灰溜溜的颜色"，亦有误。此釉色，乾隆掐丝珐琅鼻烟壶上颇多运用，为极腴润之砗磲白。惟当时扬州为宫中所制大型掐丝珐琅嵌片上之白，或时显灰溜溜之干石灰白。

掐丝珐琅所用天然矿物釉料，由元至明而清，经历半透明至不透明之质变。清康、雍、乾三朝釉料，以掐丝珐琅鼻烟壶为例，虽不若元及明早期之晶莹剔透——乾隆帝亦曾坦承"旧珐琅颜色甚好"——却也如脂似腊、宝光内涵。嘉、道两朝，好釉色尚时有所见。迨至晚清、民国，釉料干涩，且乏浅无深韵。

新中国之初，釉料尚是来自山东博山之天然原料，叶圣陶先生《景泰蓝的制作》一文亦提及此。50年代末以后，则釉料已是化工原料矣。国家工艺美术大师钱美华先生即写道："从明代一直延续到解放前，均以天然矿物原料熔炼。据釉料老师傅讲，'当我做学徒时，原料是天然的矿石矿土，只要付出脚钱就可以拉回来研细溶制。现在用的化工原料，每一颜色都要研究一配方。'"[12]

砂眼

行中俗语"十蓝九砂"，明言釉上砂眼乃掐丝珐琅器宿疾常患，规避实难。

夫欲减少砂眼，牵涉多道工料技艺，一道不察，砂眼生焉。旧时以铁砣铁臼捣杵釉料，不细，则生砂眼；以吸铁石吸附釉料中矿碴铁屑，不净，则生砂眼；火须上好阳泉煤，劣煤碎爆噼啪，致气流冲击熔釉，则生砂眼；釉料过水不勤，沉淀结粒，则生砂眼；场地不净，尘落积埃，则生砂眼；点蓝补蓝，精益求精，反之，则生砂眼；火候欠佳，熔融不透，则生砂眼；种种不一而足。

偏乾隆帝尝降旨粤海关监李质颖："嗣后将小式洋珐琅器皿进些件，要好，无蜡补处。"[13]蜡补何为？补砂眼之大者也。其于画珐琅督求若此，于掐丝珐琅器便未必不如是。严旨之下，量臣工焉敢不用命。其成果，就吾辈今日看去，诚如钱美华先生所言：乾隆时"出来的产品较明代光润，砂眼细小，肉眼不仔细看已不易发现了"。[14]

与掐丝珐琅制作史上前期与后期相比，乾隆朝掐丝珐琅器上之砂眼，明显减少。尤其乾隆中晚期之小件掐丝珐琅制品，如可精工细作之带扣、扳指、轴头、文房小品等，砂眼更为稀少。至于小件中之极品玩物乾隆朝掐丝珐琅鼻烟壶——雍正壶实已不差——则肉眼看去，砂眼几近于无，当然绝少蜡补处。李久芳先生于《清代宫廷中的鼻烟壶·导言》中便提及："在清宫遗存的作品中，仅见一件'乾隆年制'款掐丝珐琅勾莲纹双联瓶形鼻烟壶……没有砂眼。"

内釉

余入藏第一枚乾隆掐丝珐琅鼻烟壶，即发现壶内施蓝珐琅釉。当时以为宫制之物，考究装饰，未觉有它。随后所藏所见传世实物渐多，方察知康熙、雍正、乾隆三朝所制掐丝珐琅鼻烟壶，除金胎银胎之外，壶内均施蓝珐琅釉，釉色宝蓝，几无例外；嘉庆之制，壶内施与不施蓝釉者兼而有之；道光之时，壶内施蓝釉之壶极少，且其釉色蓝中透灰；咸、同之后，绝无壶内施釉者。始觉壶内施釉手法，不应等闲视之。

无独有偶，英国鼻烟壶学者莫士扮先生于来信中亦提到，据其多年观察，18世纪以前，即乾隆以前宫制铜胎画珐琅鼻烟壶，壶内均施白珐琅釉。后制之壶，则壶内不施白釉。

在此之后，于内务府造办处档案中读到相关一条。据《乾隆三十四年五月匣作档》载："于本月初九日库掌五德将掐丝珐琅方瓶一件配得座持进交太监胡世杰呈进，奉旨：将瓶里口往下找镀五分，嗣后做珐琅活计，塘内不必杀绿色，钦此。"[15]

谕旨所谓"绿色"，当指掐丝珐琅器内施涂之松石色釉，今日谓之蓝釉。由此可知，掐丝珐琅器内施蓝釉当是清早期制作掐丝珐琅器之匠度法则。自此旨下，宫制掐丝珐琅赏件大器，或不再内施蓝釉，代之以器口内镀金。然宫外制器则未必跟风即改。至于掐丝珐琅鼻烟壶，器为小件，所见乾隆制品，无论早期晚期，均内施蓝釉，故知仍沿袭旧法，未受此旨丝毫影响。

问题在于，掐丝珐琅鼻烟壶内施蓝釉，是为装饰，抑或有其功用？

若谓装饰，掐丝珐琅大器内施蓝釉，或存此意。而掐丝珐琅鼻烟壶之膛内蓝釉，平时不得见，须眯眼晃映，令日光射入壶中或以特殊探视灯头置于壶内，方能看到，何谈其装饰性！

抑或因工艺施造所需？张临生为《故宫鼻烟壶》所作序中，谓"铜胎画珐琅是直接在光滑的金属表面上施釉彩绘。其法：首先在器物表、里两面都涂刷一层珐琅釉。这样入窑烘烧时，由于内、外两面都有珐琅，其膨胀、收缩系数相同，可强化珐琅对金属胎面的附着力，釉质不易剥落"。[16]或谓掐丝珐琅壶内施蓝釉亦出于同一目的。然可质疑之处有四:(一)画珐琅为绘画完毕,一次入窑烧成。掐丝珐琅则须多次点蓝,反复入窑,在最后一次点蓝之时,方内施一道蓝釉。为何在前几次点蓝入窑之时,并不考虑内外膨缩系数问题?(二)为何凡是金胎银胎之壶,无论掐丝珐琅或画珐琅,却均壶内露胎不施釉?(三)画珐琅壶内之釉为笔刷涂抹,可保均匀。而掐丝珐琅壶内所施之蓝釉,多难保均匀,遂难保内外膨缩系数相同,然为何仍内施蓝釉?(四)读宫档,若逢帝旨内有不妥难行处,管事人每回奏委婉解释,再请另旨。乾隆帝此旨明谕器内"不必杀绿色",而珐琅作催总匠师等并未回奏以为不可行,难道彼等技术行家竟不思入火磞釉之虞?

显然,缘由别在。

古代制艺之定规,关爱人性,顺乎物理,绝非画蛇添足、无端生事。嗅食鼻烟,膻、糊、酸、豆、苦五品,最讲品品纯淳,不搀丝缕异杂气味。王世襄先生曾谈及沉香木制鼻烟壶:"看来是好事者所为,贮烟并不相宜。因为沉香气味浓烈,名烟膻、酸、糅、豆,难免不遭到它的破坏。"[17]先生生长年代,鼻烟之风尚在,故是识者之言。沉香木尚如此,何况铜制鼻烟之壶!铜胎屡经火炼,铜臭祛去,然终不若珐琅釉之净无嗅味、不扰鼻观。再者,鼻烟虽油性,盛储铜壶中,潮腻久接,铜壁或生锈蚀而影响烟质。自此始悟壶内施釉,意在隔阻铜臭、防范铜锈也。同理,黄金与白银,质纯净而无毒无味,最与人体亲融,故所见金胎银胎掐丝珐琅鼻烟壶,壶内全不施釉。

掐丝珐琅器内施釉,行中语谓之"涮蓝里儿"或"挂蓝里儿"。敞通平浅之器,施之较易。掐丝珐琅鼻烟小壶,则有其特难之处。经请教钱美华、薛丰年两大师,古法之大致,推测如下:末道点蓝工毕,先以杏干水,后以清水涤净壶里；趁内壁湿漉，倾入蓝釉粉末，晃摇周循，务使釉粉粘挂遍布；倒出剩余釉粉，之后入火，点蓝与涮蓝里儿乃同时入炉完成。然釉粉质若细砂，性散索，并不溶于水，自不易附着壶壁，入火之后，又常熔流淤积一处，兼之鼻烟壶口小膛深，内窥不到，故涮蓝与过火之后，绝难检视均匀与否。即便知其不均不匀，亦不能再涮再烧，盖恐烧坏壶外之掐丝点蓝也。故掐丝珐琅鼻烟壶所涮蓝里儿，有欠均匀，实不可免。经手过眼之康雍乾诸壶壶内蓝里儿，多见阙漏处，有时面积甚至大于挂上蓝釉处，因之常被误定为壶内露胎无釉。昔时匠师勉行其难，尽力以为之，自不当求全苛责。

道光以后之民间掐丝珐琅作坊，自不似内廷造办治律之严，焉能尽守前规。或谓：便朝廷享国既久，尚难免纲纪松弛，遑论掐丝珐琅鼻烟壶制艺。晚清民国，欧美纸烟入征中国，鼻烟堤溃蚁穴，乃吾国烟草史上一大转型期；此时中、西集藏鼻烟壶之风日盛，乃吾国鼻烟壶制作史上由实用兼赏玩至纯为赏玩收藏之重要过渡期。此时制掐丝珐琅之壶，不仅量少，实用性亦退居末席，劣制者更只图糊弄玩家，自然得简则简，不必更费涮蓝里儿一道工也。

壶盖

西洋鼻烟传入中国之初，西洋鼻烟盒即随之而来。其制，盒与盒盖子母相扣。每一开启取用，气味容易挥散。如《红楼梦》五十二回所写："宝玉便揭开盒扇，里面有西洋珐琅的黄发赤身女子，两肋又有肉翅，里面盛着些真正'汪恰'洋烟。晴雯只顾看画儿。宝玉道：'嗅些，走了气就不好了。'"后中国匠师之所以创制鼻烟壶，恰为避免此弊。故鼻烟壶之盖、尤其盖下之塞柱，功用至为重要。

鼻烟壶壶盖，可分为原配盖与后配盖两类，每类又可分为两种。

原配盖类下之一种为般配盖：即铜胎画珐琅壶配相应图案之铜胎画珐琅盖，掐丝珐琅鼻烟壶配相应图案之掐丝珐琅盖，以此类推。另一类为另配盖：即不论壶身材质与图案，另配或翡翠、或珊瑚、或铜錾花鎏金、或铜胎蓝珐琅夏吉服冠式盖[18]等等。如雍正六年夏季流水档："四月十三日，内管领穆森交来各色玻璃鼻烟壶六十个，传着配铜镀金盖、象牙匙，记此。"[19]再如："乾隆九年三月二十六日，唐英将烧造的洋彩锦上添花各式鼻烟壶四十件持进，交太监胡世杰进呈，奉旨：嗣后鼻烟壶每年只烧五十只，着其中不要大了，亦不要小了，其鼻烟壶盖不必烧来。"[20]末句之意，显然欲另配壶盖。雍正时为各种材质之鼻烟壶另配铜镀金盖象牙匙之惯用作法，一直延续至乾隆朝，屡见于当时造办处档案。后之鉴古者，每以此类另配壶盖为后拼杂配，实误。

后配盖类下之一种为精配盖：即原配盖失缺，专为配制之盖。另一种为移配盖，其佳者，选旧壶盖中材质、型制、风格接近者为其替补，其差者即移来挪用、拉杂凑合之盖。

前述康熙掐丝珐琅鼻烟壶带原配盖者，般配与另配之盖均有之。雍正四壶中，三枚为錾铜鎏金另配盖，与上引宫档中所述做法一体同例，或可视为当时宫中习见作法。乾隆中期以降，掐丝珐琅鼻烟壶原配盖以般配盖居绝大多数。或许彼时之工艺登峰造极，壶盖微囿之地，更利于匠师炫技夸能，因之如是。

塞柱

康雍乾至嘉道时期之鼻烟壶制作，目的为实用，塞柱须能密封良好，故于壶盖下焊接铜鎏金细管，管内插匙，管外套裹木制塞柱。所用木材软性，并非后来之酒瓶塞橡木，宫档记载为煖皮或暖皮或暖木。

如雍正四年八月初二日宫档：“据圆明园来帖内称，首领太监程国用持来玻璃鼻烟壶八个，内六个有匙盖，二个无匙盖，说太监焦进朝传旨：‘将此八个鼻烟壶内二个无盖子的配盖子，其余鼻烟壶匙盖上安煖皮，俱收拾妥当。钦此。’”于同年“八月初三日，将玻璃鼻烟壶八件匙盖上安煖皮完，交太监焦进朝持去讫”。[21]

又如《乾隆十二年各作成做活计清档·牙作》：“三月二十八日，玻璃厂副催总永泰为年例端阳节呈进各色玻璃花瓶四件、盆景四件俱配绫绢花，各随紫檀木座木胆。各色玻璃鼻烟瓶六十个，俱配铜镀金盖，各随暖木、牙匙，再呈进各色玻璃活计用杉木盘九个等语启怡亲王、内大臣海望、员外郎李英西宁、主事溥惠、司库白世秀准行，遵此。”此条中鼻烟瓶当为误写，因随后一条注明：“于四月二十九日司库白世秀将玻璃盆景鼻烟壶等持进交太监胡世杰呈进讫。”[22]

再如《乾隆四十三年各作成做活计清档·金玉作》：该年七月“十八日，员外郎四德五德来说，太监厄勒里交金胎珐琅鼻烟壶二件，随盖。传旨：‘将盖上裹暖皮，收什（拾）匙。钦此。’于本月十九日将金胎珐琅鼻烟壶二件安得暖木，呈进讫”。[23]

暖木学名曰暖木条荚蒾，俗称暖木条子，为落叶灌木之一种（拉丁种名 Viburnum Burejaeticum Regel et Herd），为忍冬科（拉丁科名 Caprifoliaceae），荚蒾属（拉丁属名 Viburnum），生于我国黑龙江、吉林长白山、辽宁等地针、阔叶混交林中。据观察传世暖木塞柱，色淡褐，味清香，质地疏而软韧，受力略能缩抑，放松即可涨还，以制塞柱，绝佳。[24]

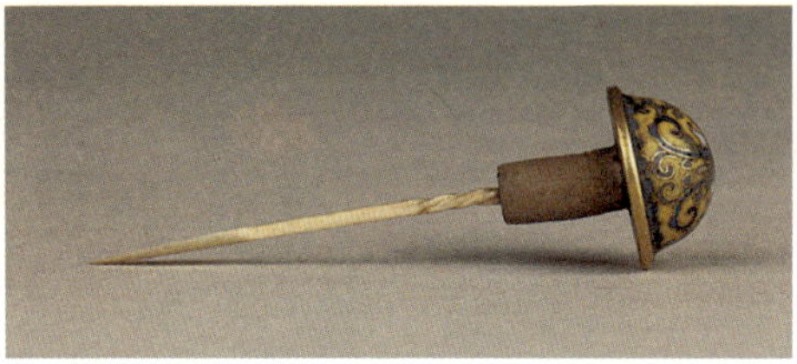

图 29　暖木塞柱

图 30　铜管塞柱

从上述宫档可知，暖木为壶塞，乃早期制壶之重要特征（图 29）。

晚清以后，多简化为以粗铜管为塞柱（图 30）。铜管入铜口，自难严丝合缝。曾见晚清及民国壶数枚，铜管塞柱上即有旧缠蜡线或胶布为补救措施。

康雍制掐丝珐琅壶，壶口与壶颈之直径相同。乾隆制壶设计更为缜密，壶口始加拍玉璧式唇圈，将暖木塞柱钳扼更紧，不易滑脱。晚清以后虽仍有唇圈，但以粗铜管取代暖木塞柱，尽失其本意。

施金

吾国金属镀金工艺，以春秋末之鎏金法肇始最古、沿用最久。光绪六年，英国汉译家傅兰雅[25]所译《电气镀金法》由江南制造局刊行，意大利人布鲁格那泰利所创电镀金法自此传入华夏[26]，而待工商业界如工厂、金店或镀金作坊引进使用，大约已是光绪中晚期矣[27]。此后至民国，除鎏金法（民间称之“火镀”）与电镀金法之外，民间镀金作坊尚有自创浸渍镀金法一种[28]。如此三法并存之格局，一直延续至上个世纪 40 年代。

据叶圣陶先生于 1955 年 3 月 22 日以参观所见写成之《景泰蓝的制作》一文：“椴木炭磨过，看来晶莹灿烂，没有一点儿缺憾，成一件精制品了，可是全部工作还没完，还得镀金。金镀在全部铜丝上，用电镀法。镀了金，铜丝就不会生锈了。”

叶氏所参观之“北京市手工业公司实验工厂”，实即前文所提及之景泰蓝特艺实验厂，林徽因先生及清华大学工艺美术小组即与之合作研制新式景泰蓝。可见当时资金及规模第一之新式景泰蓝大厂已放弃效果最美、工料最为贵重之鎏金古法，而采用既便利又便宜之电镀新法。大厂尚且如此，遑论私坊小厂。因此可以断言，至少至叶氏撰文之时，景泰蓝制作已是电镀法一统天下。

电镀法取代鎏金法，历史原因不在“金汞齐”鎏金法有水银毒污，而在电镀法大大减少耗金，并操作简便，几无技艺可言。

鼻烟壶之鎏金，须以两端为铲状、行语称“涂金棍”之工具挑剜金泥，抹腻于欲金之处，沿纹循缕，一丝不得苟且，故费时绝不亚于掐丝之工。尽管用金成色有差，却金层厚实闪亮、贴骨紧密，酷似纯金胎，远非电镀、浸渍两法之金淡、层薄、假气所能匹比。

古时试金成色，有“七青八黄九紫十赤”之说，又云“金无足赤”。据《实用暂领现存金银材料档》，宫中库金即分九成金至五成金不等。[29]以乾隆朝掐丝珐琅器观之，赤未之见，紫极少，青亦极少，以黄及介乎青黄之间之浅黄者为多。当时之掐丝珐琅鼻烟壶亦如是，其鎏金之黄，为沉静之熟黄。然终究为千年不朽之物，但经擦拭便灿然悦目。

比较有清诸朝掐丝珐琅，包括乾隆朝掐丝珐琅鼻烟壶在内之乾隆朝掐丝珐琅器，用金最奢。然虽一朝之器，宫制、官制、民制，重器与一般器物，用金自又存等次差别。朱家溍先生评乾隆掐丝珐琅器“金光灿烂，圆润坚实”之八字诀，当泛指宫制器物。据宫档所记，造办处珐琅作所制宫中陈设掐丝珐琅器物，尤其陈设于重要场所如宁寿宫、景阳宫多宝格上之掐丝珐琅器物，乾隆帝每有“加倍镀金”乃至“俱着镀金三遍”

之旨[30]。而“年例成做赏用珐琅瓶罐盘碗……再传做时仍照例镀金，不必加镀”[31]。各关承造或外官贡纳之掐丝珐琅器物乃至掐丝珐琅鼻烟壶，亦应一同此例而用金有差。若民坊作品，则更成色不同。今人鉴定乾隆制壶，当因器而细分之。

掐丝珐琅鼻烟壶之施金，自康熙朝至道咸间，仍沿鎏金法。清末、民国壶各法杂用，然鎏金之壶绝少。新中国制壶，皆为电镀金。

晚清、民国乃至新中国时期之掐丝珐琅鼻烟壶，为节工减料计，多有铜胎全不施金者。

款识

至迟自康熙晚期—雍正初年，宫廷各类制器已有专人司写款之职，如雍乾间效力造办处之写字人徐国正[32]。查乾隆宫档，屡有器物“交懋勤殿翰林写款”之旨，是宫内懋勤殿翰林诸公亦时承写款之职[33]。雍正帝更于雍正二年特旨造办处：“凡所做物件，可以做得年号者，均做年号。”观康、雍两朝金属胎、玻璃胎画珐琅鼻烟壶，确也均有年款。而康、雍两朝掐丝珐琅鼻烟壶具年款者，以余井观所及，则不惟真款，赝款亦迄今未之见。康熙朝因向无确定官制实例，姑置待考。前述雍正宫制诸壶，并非无处“可以做得年号者”，如雍正画珐琅荷包式鼻烟壶之例，却也全不落款，恐与雍正朝一般掐丝珐琅器多属前明“景泰年制”款，具本朝年款者寥若晨星之属款习惯，出于同一缘由。

乾隆帝更在继位之初便降旨关照。如乾隆二年十月接旨烧造瓶、罐、盘、钟、碟等物，按旨意改变器形画面并规定统一款式。当月十六日“太监高玉交篆字款纸样一张，传旨以后烧造樽、瓶、罐、盘、钟、碗、碟瓷器等，俱照此篆字款式轻重烧造”，此后亦屡有具体旨意。如乾隆七年八月的造办处活计档记载："照建福宫掐丝珐琅三件一分炉瓶三式多做些，其款用千字文号数落。"又如乾隆十四年十二月二十六日粤海关接旨："员外郎白世秀、司库达子来说，太监胡世杰传旨：所进珐琅瓶、罐俱无名款。嗣后再作瓶罐来，必要刻款。钦此。"等等。画珐琅款识均以黑珐琅、蓝珐琅或红珐琅书写，此旨称"必要刻款"，当是指掐丝珐琅器物款识。

乾隆掐丝珐琅器款识，无论宫制或外造，俱属楷款，可谓同源；然楷法不一，笔体存异，即宫制器物楷款亦呈多种面目，又称异流。掐丝珐琅重器之款，或刻或铲地阳文，乃严秀之正楷，小品则清劲之小楷。乾隆掐丝珐琅鼻烟壶亦恪守小件楷款之制，錾刻小楷于壶底圈足之内，其界囿窄限，至小者仅容杏枣之核，而款识之排置布局，却概能不挤不促、舒稳允当，且仿佛仍有踢伸拳脚之余地。且鼻烟壶乃赏用两关之物，故较之他类小件掐丝珐琅器物之款识，楷法尤为精湛。

所见款识，凡五种。

之一：宋椠体小楷，转折委婉而不逾法度，极盈巧可爱，同于宫制画珐琅

图 31 乾隆掐丝珐琅鼻烟壶款识之一

图 32 乾隆掐丝珐琅鼻烟壶款识之二

鼻烟壶之款（图 31）。

之二：体正形扁，齐头截尾，稍掺隶意。北京故宫藏乾隆双联瓶式掐丝珐琅鼻烟壶之款识即近此类（图 32）。

之三：刻写者匠质拙朴，似随手剜刻，任之天真，字口内填黑，与两地故宫所藏广州铜胎画珐琅鼻烟壶之黑珐琅款习气相通，字体亦神形两似。归之为粤海关所造贡品之款，当无大误（图 33）。

之四：宗出王大令“玉版十三行”体，笔致开舒，隽朗洒利（图 34）。

之五：泛论其书风，不脱晋唐小楷窠臼。细品之，韵格千姿百态，体势开张者有之，左揖右让者有之，婀娜婉敛者有之，间架方正者有之，扁敧劲蓄者亦有之。其结体架构，却又总出一源，乃得王羲之小楷神髓，在《升平帖》[34]与《乐毅论》之间（图 35）。将壶之款识与前者“质之乾坤”之“乾”（图 36）、“汉安二年”之“年”（图 38）及后者“千载一隆之道”之“隆”（图 37）

图 33　乾隆掐丝珐琅鼻烟壶款识之三

图 34　乾隆掐丝珐琅鼻烟壶款识之四

图 35　乾隆掐丝珐琅鼻烟壶款识之五

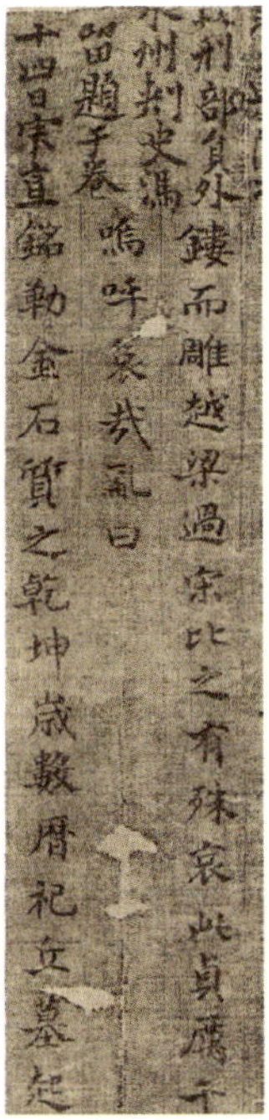

图 36 《升平帖》“乾”字

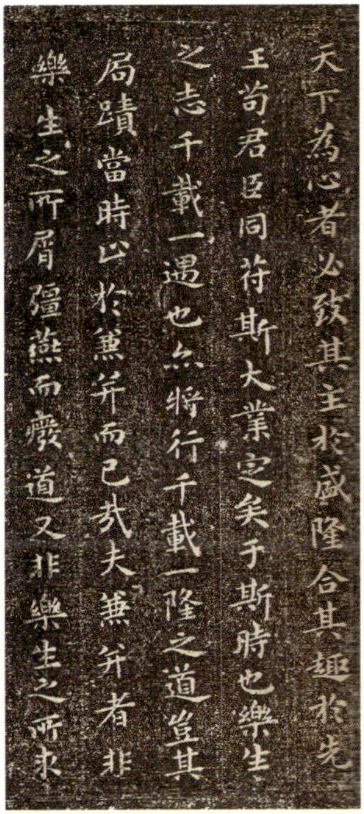

图 37 《乐毅论》“隆”字

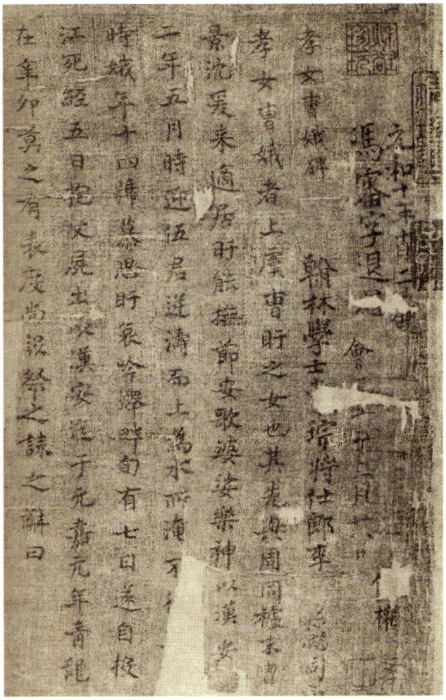

图 38 《升平帖》“年”字

直观比较，俨然得前者之醇逸简静，得后者之俊骨匀筋。款之“製”字，“衣”之点与撇合为一笔，如腰挎长刀，末笔一捺变为点顿略向回收，极具特点，同与宫制风字砚御铭之“製”（图 39）。

凡具此种款识之诸壶，属同一时期，即乾隆晚期制品，但显然产非一地，制非一批，款识必是各地各坊众多匠师各自起稿錾刻，却似心存一不约而同之通行范本，十分有趣。所以如此，或在一朝一时期艺术风气大范之下，写手刻手各地不一，转相摹习参照，又难脱个人手感，故成此既统一又多态之面目。

此种款识诸壶，壶壶如此，錾刻技艺皆境臻绝诣，令人辄发神乎其技之叹。匠师施錾运刀，镌金耕铜，已非易事，

图 39　宫制砚御铭之“製”字

何况款字既其大者，亦微若豆粒，而起入钩挑，饶寓态势，一笔之内又依笔意而轻重浓淡，如“隆”字一竖垂露，“年”字一竖悬针，且字口内弯弧平滑如仰瓦，竟不知其如何做来！曾将款识图片加倍放大，字字隆巨如拳，竟愈显风姿。明陆师道评乃师文徵明之书有“衡山先生小楷愈小愈妙，大书愈大愈奇”之语，大可移赠！

《乾隆四十二年各作成做活计清档·珐琅作》中有关涉掐丝珐琅器刻款一条，可参之略见乾隆掐丝珐琅鼻烟壶刻款之大致程序：是年十二月“二十四日，员外郎四德五德来说，太监厄勒里交掐系珐琅元洗一件，大明景泰款，随紫檀木座，传旨：‘将洗上款起下呈览。钦此。’……于二十五日将掐丝珐琅元洗一件，将底足上起下大明年制款持进呈览。奉旨：‘照起下年款在底足上刻阴纹字款。’……于二十八日将掐丝珐琅元洗一件照起下年款钩得大明景泰年制款样呈览，奉旨：‘照样准刻。将刻款底足内镀金，其外面周围不必镀饬。钦此。……于四十三年正月初六日员外郎四德五德将掐系珐琅元洗一件，足底上刻得大明景泰年制款，持进呈览……”[35]重要之处在“钩得”与“刻得”两语。“钩得”即起稿。据行家推测，可能将底足铜面涂黑，再以金属锐尖于铜面上轻写浅钩出字样。“刻得”，则是以錾刻工具在浅钩字样上加力施刻。

清中晚期掐丝珐琅鼻烟壶，无属嘉道咸同光宣之年款者。若属年款，概

图 40　晚清壶乾隆寄托款

图 41　铳压方章篆款

图 42　“景泰蓝”款

图 43　新仿壶之款识

为“乾隆年制”寄托款，并非认真造假，不过潦草寄托而已（图 40）。道光至光绪，仅见楷书刻款，笔力孱弱；光绪之后至新中国时期，楷款之外，亦有机模铳压“乾隆年制”方章篆款（图 41）。

民国以降之“景泰蓝”阳文篆款，因壶形而分大小两种，机模铳压而成。新中国初期亦仍见使用（图 42）。

今日之高仿掐丝珐琅鼻烟壶之款，亦俱是“乾隆年制”款（图 43）。惟因怀歹毒欺诈之意，故仿来颇肯用心。惜品劣手低，故款体装模作样，难掩陋俗在骨，比之乾隆诸般真款，既形似亦做不到。

注 释

[1] 见王世襄编著《清代匠作则例》附录:“照金塔样式成造珐琅塔一座销算底册”第 93 条。

[2] 同上。

[3] 见《清宫内务府造办处档案总汇》第 7 册,17 页。

[4] 见《清代匠作则例》附录:“照金塔样式成造珐琅塔一座销算底册”第 70 ~ 77 条。

[5] 康熙五十五年九月二十八日广东巡抚杨琳奏折:“……再奴才觅得有法蓝表、金刚石戒指、法蓝铜片画、仪器、洋法蓝料并潘淳所制桃红颜色金子搀红铜料等件,交李秉忠代进。尚有已打成底子未画、未烧金钮杯,亦交李秉忠收带,预备到日便于试验。”见吕坚《康熙珐琅琐议》,故宫博物院院刊 1981 年第 3 期。

[6] 见《清宫内务府造办处档案总汇》第 3 册,39 页。

[7] 同上书,99~101 页,423~424 页。

[8] 同上书,626 页。

[9] 见《清宫内务府造办处档案总汇》第 11 册,739 页。

[10] 见赵汝珍《古玩指南·景泰蓝》。

[11] 见朱家溍《故宫退食录》,212 页。

[12] 见钱美华《景泰蓝艺术的历代风格》,世界学术文库本,853 页。

[13] 见《清宫内务府造办处档案总汇·盛京随围》,乾隆四十八年八月十八日条。

[14] 见钱美华《景泰蓝艺术的历代风格》,世界学术文库本,852 页。

[15] 见《清宫内务府造办处档案总汇》第 32 册,293 页。

[16] 见《故宫鼻烟壶》,国立故宫博物院,1991 年,12 页。

[17] 见《中国鼻烟壶珍赏》,三联书店(香港)有限公司 / 台港文化事业有限公司,1992 年,308 页。

[18] 皇帝夏吉服冠,以石青片镶金缘,顶上衔大珍珠。参见《钦定大清会典图》。

[19] 见《清宫内务府造办处档案总汇》第 3 册,65 页。

[20] 见《中国鼻烟壶珍赏》,111 页。

[21] 见《清宫内务府造办处档案总汇》第 2 册,

14 页，245~246 页。

[22] 见《清宫内务府造办处档案总汇》第 15 册，23 页。

[23] 见《清宫内务府造办处档案总汇》第 42 册，75 页。

[24] 参见中国科学院中国植物志编辑委员会编著:《中国植物志》第 72 卷，27 页。

[25] 傅兰雅（John Fryer, 1839~1928）：英格兰人。清咸丰十一年来华，同治七年应李鸿章聘任江南制造局翻译馆主管，供职凡二十八年。该馆三十年间所译西洋科技书籍两百余种，由傅氏译者占一百一十四种。因其成就，获清廷三品顶戴之荣。近人誉之为“携西方科技之火入华夏之普罗米修斯”。

[26] 布氏 1802 年创电镀金法，1850 年左右始在西方推广。

[27] 光绪三十二年清廷令天津北洋银元局划出厂房十九间以建北洋劝业铁工厂，移交清单中即有“电镀房一间”，当属较早应用电镀法之工厂。见《工艺总局 · 直隶工艺志初编 · 志表类卷下》，光绪三十三年天津工艺总局刊。

[28] 其法“用焦性磷酸苏打及氯化金等为金液，被镀之物浸渍其中，金即着附其上”。参见《北平市工商业概况》，北平市社会局发行，1932 年。

[29] 见《清宫内务府造辨处档案总汇》第 31 册，402 页。

[30] 见《清宫内务府造办处档案总汇》第 36 册，282 页。

[31] 见《清宫内务府造办处档案总汇》第 40 册，235 页。

[32] 参见雍正五年造办处《记事录》:“八月三十日据圆明园来帖内称，郎中海望为造办处无写篆字的人启知怡亲王：今有写宋字人徐国正会写篆字，人亦老实，欲给徐国正工食食用，令其在造办处效力行走等语。奉王谕：尔等酌量料理。遵此。本日郎中海望、员外郎沈瑜，合议得每月给徐国正工食银五两。记此。”

[33] 如据乾隆三十八年金玉作档:“于十月二十三日库掌四德五德笔帖式福庆将烧古风字式砚盒上贴得宣和御用款样，镀金风字式砚盒上贴得乾隆仿古款样持进交太监胡世杰呈览。奉旨‘交懋勤殿着翰林写篆字样呈览，钦此’。”见《清宫内务府造办处档案总汇》第 36 册，363 页。

[34] 即王羲之晋升平二年所书《孝女曹娥碑》。宋黄伯思《东观余论》评曰:“晋史称王逸少书暮年方妙。《升平帖》升平二年书，距其终才三岁，正暮年迹也，故结字比《乐毅论》、《告誓》诸帖尤古质，殊类锺元常，浑浑然有篆籀意，非遇真赏，未易遽识也。”

[35] 见《清宫内务府造办处档案总汇》第 40 册，333~334 页。

述例

1 清康熙掐丝珐琅缠枝莲纹鼻烟壶

梅瓶式。银胎，银丝。

高颈，平肩，敛腹，撇足。五色芯瓣，蓝墨枝蔓，深绿大叶。

釉质晦暗，乃康熙时国产珐琅料之特征。呈色不稳定，多砂眼，银丝掐制花纹，犷壮不拘，当为民间掐丝珐琅作坊制品。

鼻烟壶因大小而式分坤武。此壶容纳大量，掌强能握之，为武壶。

壶内不施蓝釉。

掐丝珐琅缠枝莲纹般配盖，盖下暖木塞，牙匙。

通高：7.3 厘米

递藏：Robert Hall

故宫藏清初掐丝珐琅棋子罐

2 清康熙掐丝珐琅粉蝶穿花纹鼻烟壶

扁壶式。铜胎，鎏金。

松石蓝釉地，釉色泛灰而无光，蝶、花之彩釉亦涩暗失透。

图像茂朴稚拙，单丝回走，如折钗股，如屈铁线，仍见晚明掐丝珐琅器遗意，与北京故宫博物院所藏同时期掐丝珐琅器类同。

单丝垂云纹颈饰及转珠纹足饰。壶底亦掐丝施釉，传世仅见此一例。

铸铜提纽盖，似为原装另配之盖。

通高：不详

递藏：水松石山房（Hugh Moss）

3 清康熙掐丝珐琅福寿连绵纹鼻烟壶

莲子罐式。铜胎，鎏金。

绿松石釉地，缠枝连绵，红蝠粉蝠，上下衔捧寿字。壶颈饰单丝如意垂云纹，乃清代早期珐琅器边饰手法；足边饰联珠纹。釉火欠透，凝结未融，抚之伏隐不平。

壶上所施粉红色釉料，清代珐琅器研究者多谓乃乾隆朝出现之新炼珐琅料，为乾隆朝典型特色。而据康熙五十五年九月二十八日广东巡抚杨琳奏折，广东珐琅匠师潘淳当时已制成“桃红颜色金子搀红铜料”，又称“洋红”，即粉红色料（参见“制艺”一章之注释 5）。

壶内施蓝釉。

铜錾花鎏金另配盖。盖下暖木塞，牙匙。

通高：7.35 厘米

递藏：Hanzel Galleries, 1963

Avrina Pugh Collection

Sotheby's NY, 2005

Robert Kleiner

Nikola Marakovic

4 清康熙掐丝珐琅缠枝西番莲纹鼻烟壶

太白坛式。金胎，唇圈及掐丝铜质鎏金。

圆唇外卷，束颈，长圆腹，圈足。此器形初见于康熙朝，流行于雍正朝，乾隆朝渐寂。耿葆昌先生《明清瓷器鉴定》云：“太白坛，雍正时多有，大小不等。小型器又分长、圆与大、小，俗称‘药罐’，实为盛鼻烟之物。”缠枝西番莲纹饰，花蔓雄强；颈饰俯仰蕉叶纹，肩饰双钩大如意纹，足际饰大仰莲纹。壶形神完气足，质色雄朴豪放，大有康熙气象。

此壶于国际中国文物市场上流传已久，递藏诸家均记录为铜胎，惟现藏家 Marakovic 坚称其为金胎。此壶膛内不施蓝釉，确符合早期制壶金胎银胎者壶内不施蓝釉之特点，且为金匙。细审，当为金胎，然玉璧唇圈及掐丝为铜鎏金。冠式掐丝珐琅般配盖。盖下暖木塞，金匙。

通高：7.5 厘米

递藏：Henry Ross

Christie's London, 1978 年 6 月 19 日拍品 143 号

水松石山房（Hugh Moss）

J&J 小有洞天

Christie's Hong Kong, 2004 年 4 月 25 日拍品 812 号

Nikola Marakovic

5 清康熙掐丝珐琅松竹梅纹鼻烟壶

罐式。铜胎，鎏金。

器形即康熙早期之盖罐式，造型古朴，大口一任开敞，仍存明时丹丸小药罐遗意。

蓝釉色地，竹篠浓淡交搭，红黄腊梅花瓣，松针圆射，掐丝粗放，意韵劲拙，同于康熙时青花岁寒三友瓷绘画意。

壶内施蓝釉。

珊瑚另配盖，顶嵌珍珠一粒，作法考究。盖下暖木塞，铲式牙匙。

通高：7.2 厘米

递藏：Robert Hall

Nikola Marakovic

6 清康熙—雍正掐丝珐琅绶带葫芦瓶式莲纹鼻烟壶

绶带葫芦瓶式。铜胎，鎏金。

器形高大。丝工严整刚劲，花朵饱满旺硕。颈饰单丝垂云纹。

壶内施蓝釉。

掐丝珐琅缠枝莲纹般配盖。盖下暖木塞，牙匙。

通高：8.2 厘米

递藏：Robert Hall

7 清雍正掐丝珐琅黑釉地八仙祝寿纹鼻烟壶

萝卜瓶式，侧扁其体而正存其形，以便携握。铜胎，鎏金。

器形庄重精严，一派宫廷气度。黑釉为地仗（清宫内档工艺术语，意为地或地子，又称地章），为仿当时倭式退光之漆，尤为雍正帝所喜爱。衬托单丝枝蔓、八仙法器及红寿与彩蝠，更显色泽绚烂、丝艺精湛。

雍正帝趣嗜黑色，信道术，祈福寿，于此壶尽见。壶内施蓝釉。

铜鎏金龙纹另配盖，为宫中鼻烟壶配盖之通行作法。盖下暖木塞，牙匙。

通高：7.5 厘米

递藏：Robert Hall

8 清雍正掐丝珐琅黄釉地八仙祝寿纹鼻烟壶

萝卜瓶式。铜胎，鎏金。

此壶与前壶釉地异色，余则概同，正是般配成套作法。

壶内施蓝釉。

錾胎珐琅嵌碧玺杂配盖。

通高：7.6 厘米

递藏：Prov.Urs Frech Zurich
Herman Peter Collection
Michael Hughes
Nikola Marakovic

9 清雍正掐丝珐琅蓝釉地暗八仙纹鼻烟壶

萝卜瓶式。铜胎，鎏金。

蓝釉为地仗，质料细润。绕壶身饰五色暗八仙纹，两面重图。壶颈与足际分饰红釉与石绿如意云纹，上下呼应。纹饰间地，连以缠卷枝蔓，单丝掐就，仍存明代丝法风貌。

壶内施蓝釉。

铜鎏金螭纹另配盖。盖下暖木塞，牙匙。

通高：7.8 厘米

递藏：Robert Hall，1979

The Guo'An Collection No.305

Christie's Hong Kong, 2000 年 10 月 30 日

拍品 731 号

水松石山房（Hugh Moss）

Nikola Marakovic

10 清雍正掐丝珐琅黄釉地暗八仙纹鼻烟壶

萝卜瓶式，铜胎，鎏金。
壶式与纹样同于前壶，惟地仗为黄釉，暗八仙纹、壶颈与足边纹饰亦设色不同。
壶内施蓝釉。
铜鎏金螭纹另配盖。盖下暖木塞，牙匙。
通高：7.7 厘米

递藏：Victoria Lindstrom，1965
The Guo' An Collection No.58
Christie's Hong Kong, 2000 年 10 月 30 日
拍品 729 号
水松石山房（Hugh Moss）
Nikola Marakovic

11 清乾隆掐丝珐琅锦地开光镶画珐琅西洋母子图鼻烟壶

扁壶式。金胎，金丝。

壶之两面膛上（清宫内档工艺术语，意为壶体之两面）海棠开光内绘画珐琅西洋母子图，点缀花木为背景。壶之两侧上下共四小开光内绘画珐琅西洋风景，墙子（清宫档工艺术语，意为两开光之间或开光以外之部分）为掐丝珐琅双钩缠枝花卉锦地，壶颈饰单丝如意垂云纹，足边饰转珠纹。

金胎，故壶内不施蓝釉。此壶著录在台北故宫博物院刊《故宫藏鼻烟壶》中，列编号 11，却被误定为“铜胎”。

壶底足圈内施白珐琅釉，蓝珐琅双行楷书“乾隆年制”款。

珊瑚红料雕云纹另配盖。盖下暖木塞，牙匙。

通高：6.6 厘米

递藏：清宫旧藏

台北故宫博物院

12 清乾隆掐丝珐琅与画珐琅西洋母子图鼻烟壶

双系罐式。金胎，金丝。

壶肩饰以掐丝珐琅双钩缠枝西番莲纹，看似云肩霞帔。清宫内档工艺术语确称此部位装饰为上云肩。如雍正八年十一月二十四日“内务府总管海望持出桃红地珐琅画牡丹花卉鼻烟壶一件。奉旨：上、下云肩与山子不甚好，其余花样照样烧造。钦此”[1]。

画珐琅开光内绘西洋母子图，颈饰单丝如意云纹，足饰琏珠纹。

两侧铸浮雕活环铺首，历来俗称兽面或狮面，确切而言，乃龙子椒图之象。椒图性好闭守，置于器皿尤其鼻烟壶两侧，或出于储物封管之意。

壶内不施蓝釉。此壶在台北故宫博物院刊《故宫藏鼻烟壶》中列编号16，亦被误定为“铜胎”。壶底足圈内施白珐琅釉，蓝珐琅双行楷书“乾隆年制”款。

纯金雕花般配盖。盖下暖木塞，牙匙。

通高：5.5厘米

递藏：清宫旧藏

台北故宫博物院

13 清乾隆掐丝珐琅与画珐琅西洋母子图鼻烟壶

四系罐式。金胎，金丝。

壶唇沿下饰掐丝珐琅五宝转珠纹，颈与肩交圈处围浮雕金俯莲纹。五色掐丝珐琅缠枝花卉上云肩，边缘呈荷叶波折状，四边各有系吊金环一弯。

壶腹足际亦施掐丝珐琅单丝卷草花纹，边缘亦是荷叶波折，当即是前引雍正八年十一月二十四旨中所谓“下云肩”。

经谛观，此壶掐丝珐琅釉面微微起伏不平，金丝粗壮，凸起釉面之上，是未经打磨，然其意非在惜金省工，却为仿錾胎珐琅效果。

画珐琅百花锦地开光内绘西洋母子图二，一托腮凝思，一揽抚幼儿，俱妩媚娴静，绿茵、小屋、树木背景，皴点茸密。

以上三壶，出自内府，均以整块黄金打造，须多工种联手，制艺之复杂，堪称之最。

壶内圈足内施白珐琅，蓝珐琅双行楷书“乾隆年制”款。

纯金雕花般配盖。盖下暖木塞，牙匙。

通高：5.6 厘米

递藏：水松石山房（Hugh Moss）

Mary & Geoge Bloch Collection（玛丽与庄智博夫妇收藏）

14 清乾隆双联瓶式掐丝珐琅鼻烟壶

双联瓶式，又称合欢瓶。铜胎，鎏金。

釉质浓腻。缠枝勾莲纹，用丝精壮。壶体微小，却饰以醒目大样之纹，得相反相成之趣。两壶联肋，却互不相通，可分储不同风味之鼻烟。是壶乃北京故宫博物院所藏两只掐丝珐琅鼻烟壶之一，亦是院藏唯一乾隆制掐丝珐琅鼻烟壶。旧配木座。两壶底足分刻“乾隆”“年制”竖行楷款。

壶盖已佚。

前引乾隆十四年造办处匣作档，十月初十日，太监胡世杰交下配装百什件之文玩中有“掐丝珐琅无盖鼻烟壶一件，木座”，或即是此壶。

通高：3 厘米

递藏：清宫旧藏

　　北京故宫博物院

15 清乾隆掐丝珐琅缠枝莲纹铺首活环耳鼻烟壶

三足炉式。铜胎，鎏金。

壶体小巧，置于掌心，仅如一丸，传世品中未见更小者，壶下承以如意垂云足。以宝蓝珐琅釉为地，通体掐五色缠枝莲纹，双钩枝蔓；绕颈一匝，则为单丝垂云纹；壶侧椒图铺首耳各一，口衔活环。

壶底刻双行楷书“乾隆年制”款。

所用珐琅釉料，仅就其红色观之，呈石榴红，且如宝石般透明，可知绝非康乾间或耶稣会士献进或西洋舶来或国产之釉料，而应与元明时传入之波斯大食窑料同类，或是明宫遗存旧料。

莫士抝先生于上世纪70年代以廉值购归，此前则并无清显之递藏来源，应是新中国至“文革”中出口国际市场之物。当时急于换汇，各类新旧精粗之壶混杂外销，此为又一明证。

壶盖已佚，莫氏特请英伦名瓷艺师约翰·查尔顿配制雕瓷金釉花纽盖。

通高：3.23厘米

递藏：水松石山房（Hugh Moss）

J&J小有洞天

16 清乾隆金胎掐丝珐琅五福捧寿鼻烟壶

扁壶式。金胎，金丝，坠重压手，为目前仅知存世之金胎通体掐丝珐琅鼻烟壶，其余三枚金胎壶均掐丝珐琅与画珐琅兼施并用。[2]

天蓝珐琅釉布地仗，金丝掐制纹饰，涵义丰富：两面膛上为海棠式开光，杏黄釉衬底之上，为五福捧寿纹，其蝠形与乾隆彩瓷上所见之蝠同一意趣；五蝠处下方者，口衔彩绶双钱，寓福在眼前之意；壶两侧之墙子上悬垂珠花绦，系挂宝相花、玉磬、双鱼，乃吉庆有余也。

壶颈饰单丝如意云纹，腹边足际，饰五佛冠莲瓣纹，为乾隆朝掐丝珐琅鼻烟壶颈圈与足边常用纹饰。

金胎之壶，壶内露胎，未施蓝釉。

纯金铸花顶珠另配盖。前引乾隆四十三年十二月曾有旨将珍珠一颗镶于金胎掐丝珐琅腰圆烟壶之盖上。观此壶盖之顶珠，虽为金珠，形态当彼此略同。

盖下暖木塞，金匙。

通高：5.9 厘米

递藏：John Ault
R.Kleiner
Robert Hall
水松石山房（Hugh Moss）
Nikola Marakovic

17 清乾隆掐丝珐琅松鹤延年纹鼻烟壶

扁壶式。铜胎，鎏金。

缩颈，圆体，矮足，憨态可掬。如意纹环绕壶颈，足际用须弥座莲瓣纹。

黄釉地，淡蓝溶白缠枝宝相花锦地。开光内天空蔚蓝，松筠仄倾，鹤立闲姿。

壶底圈足，錾刻“乾隆年制”楷款。

纽约大都会博物馆藏品。该馆标定此壶制作年代为18世纪，识见真灼，难能可贵。

掐丝珐琅般配盖。

通高：7厘米

递藏：Joan A. Schorsch 旧藏

纽约大都会博物馆，馆藏号 2004.558a,b

开光内天空蔚蓝，松筠仄倾，鹤立闲姿

18 清乾隆掐丝珐琅夔凤开光博古纹鼻烟壶

扁壶式。铜胎，鎏金。

壶颈环以垂云纹，与足边莲瓣纹相呼应。壶身以烟褐色夔凤一对，吻尾相衔，衍成开光，其内施杏黄釉地章。饕餮纹青铜觚一只，供粉莲碧荷一束，另侧汝窑托盘上，置鲜桃四枚，空处散放菱角一双，合为博古清供图。壶侧两面开光间之墙子，饰缠枝西番莲纹。

乾隆一朝，艺术上锐意出新，突破前朝单、双线描之开光框式，创出多种新样，如蝠翼式开光、五宝珠式开光、西洋洛可可风格之卷草式开光、叶片式开光等等。此壶所用夔凤式开光，亦属新意一种。

壶底圈足，錾刻“乾隆年制”四字横款。

壶内施蓝釉。

掐丝珐琅缠枝莲纹般配盖。盖下暖木塞，牙匙。

通高：7厘米

递藏：北京观复博物馆

19 清乾隆掐丝珐琅太平有象博古纹鼻烟壶

宝月壶式。铜胎，鎏金。

壶颈边饰以垂云纹，通体黄釉地伏天蓝色缠枝西番莲纹锦地。壶之两面膛上，有壶门券口式开光，均施天蓝釉地杖。一面立象形尊，背插方天画戟与灵芝各一柄，谓之升级如意；旁置瓶荷，乃“才露尖尖角”之小荷，而瓶上竟还有山、有水、有飞鸟，更有扁舟一叶，渔人一点；此外尚见织锦手卷二，墨色折扇一，扇面画兰。另面有四方笔筒，可见兰竹，背隐两面当为梅菊，内有如意、拂尘、笏板；赏瓶供折枝海棠，承盘内摆石榴、佛手、鲜桃，盘外落菱角一只。壶颈之垂云纹，每朵内藏圆珠三粒，粒粒微如针孔，旁悬串珠璎珞。锦地之缠枝莲，其莲瓣钩尖劲锐，叶脉健韧，缠枝密簇衍延，华丽绚烂。再观两面开光之内，微容方寸之地，图中有器，器中有图，丝图丰富如是，乾隆朝掐丝之艺，真鬼技神工也！

初见图中出角翼如蝙蝠者，实不识何物。后藏博古纹壶渐多，或单或双，屡屡目见。先谓蝙蝠，然蝙蝠不入清供；又谓笔架，然笔架何必一双！复思其形，或是菱角。示之友人，云若是菱角，必为老乌菱。夏游西湖，湖边恰有零弃老乌菱，友人拾予看之，果然酷肖。然莲藕为清供，菱角曾入画为清供邪？后览《十竹斋笺谱》，一卷“清供八种”中第一幅，莲藕之旁，即有菱角一双，方知明时清供中便有此一品，所谓冰菱雪藕也。

想来古人择选清供之属，文玩、雅器、韵物、名品之外，凡有清趣者，如野花幽叶或令果时蔬，即瓜枣栗豆，均可延纳。

笔筒下方两枚，先疑为荸荠，又据其芽茎细长而尖，继猜为茨菰者，乃事事如意之柿。

又手卷边一物，状如碧叶，更似青椒，于其他博古纹壶上亦屡屡见之，或全绿，或全红，或半红半绿，或半粉半红。复见之于乾隆紫檀框博古纹挂屏中，似枣非枣，似椒非椒，至今难以确认。世道经沧海桑田之变，风物亦然。古时日常品什，多有今人闻所未闻、见而不识者。

壶内施蓝釉。

掐丝珐琅缠枝西番莲纹般配盖。盖下暖木塞，牙匙。

壶底圈足内錾刻“乾隆年制”四字横款。

通高：6.4 厘米

递藏：Michaan's

望月山房

乾隆百宝嵌博古纹挂屏

20 清乾隆掐丝珐琅缠枝西番莲纹鼻烟壶

宝月壶式。铜胎，鎏金。

釉地宝蓝色，微含湖水碧意，极为雅致。缠枝舒曼弯卷，叶芽滋意栩栩，枝间西番莲八朵，幼蕾四枚，以润色俏色技法施嫣红、桃粉、腴白、浅绿于瓣蕊之上；壶颈饰垂云纹，足边饰五佛冠式仰莲纹。

壶形圆婉，丝工灵畅，釉色春媚娇嫩，金辉熠熠，虽无乾隆款识，比之有款诸器，似无不及之处。

乾隆朝中、晚期掐丝珐琅鼻烟壶，凡以缠枝花纹为图者，除极个别例外，均壶膛两面花六朵，壶侧两朵分为上下四个半朵，壶盖顶花一朵，共花九朵，为定制。

此壶曾经前物主以首饰清洁剂涤拭，试图一洗旧痕。古物入非藏家之手，常被光鲜漂亮一番，奈何奈何！

壶内施蓝釉。

掐丝珐琅缠枝宝相花纹般配盖。盖下暖木塞，牙匙。

通高：6.5 厘米

递藏：Christie's New York, 2009 年 12 月 16 日
拍品 490 号
望月山房

21 清乾隆掐丝珐琅牧牛图鼻烟壶

扁壶式。铜胎，鎏金。

壶体丰腴。黄釉地石绿缠枝西番莲锦地，两面桃形开光内写牧牛图。

远山层迭，芳草鲜美。绿树浓荫之下，牧童执鞭坐石旁，一牛匍匐卧地，首尾相顾，神情温驯。碧叶拂翳，野花摇曳。牧童吹笛牛背上，天边灿落晖。

牧牛图，一如松鹤遐龄、岁寒三友等等，从晚明至清，乃常用经典纹样。浅近释之，乃田园农景、其乐陶然之意。是壶之上，图分两章，俨然宋代雷震“草满池塘水满陂，山衔落日浸寒漪。牧童归去横牛背，短笛无腔信口吹”诗意。此后，牧牛图壶屡入观瞻，而主题程式类同，始疑其远存深意。

《佛垂涅盘略说教诫经》有云:“譬如牧牛之人，执杖视之，不令纵逸，犯人苗稼。”远自唐代，佛门禅宗诸师即以“牧牛”比喻“治心”之功，如唐慧藏禅师石巩与大安禅师懒安，《景德传灯录》载其事。其后，此牧牛公案演绎为进修功阶十段：曰未牧第一，曰初调第二，曰受制第三，曰回首第四，曰驯伏第五，曰无碍第六，曰任运第七，曰相忘第八，曰独照第九，曰双泯第十。禅师将心悟所得作成禅诗偈颂，配以插图，渐成图解一类。净土宗第八祖、世称云栖大师之明代释袾宏于明万历三十七年刊印之《牧牛图》，录宋代普明禅师所作牧牛禅诗，每

段一诗一图。普明颂题以不落诠言、悟证禅境为释家所公认，旦经配图付梓，化身千万，历代翻刻，对后世影响甚巨。

以牧牛图为艺术纹饰，万历时瓷绘上已见，至清雍正、乾隆时更为流行。乾隆朝牧牛图掐丝珐琅鼻烟壶之开光两图，正与此袾宏刻《牧牛图》中驯伏第五、无碍第六与任运第七之图之诗，融通相符。

驯伏第五：绿杨荫下古溪边，放去收来得自然。
日暮碧云芳草地，牧童归去不须牵。

无碍第六：露地安眠意自如，不劳鞭策永无拘。
山童稳坐青松下，一曲升平乐有余。

任运第七：柳岸春波夕照中，淡烟芳草绿茸茸。
饥餐渴饮随时过，石上山童睡正浓。

如此一壶，旨趣幽微，或能醒人修心善性、咸契中道之警思。

壶内施蓝釉。

壶底足圈内錾刻“乾隆年制”四字横款。

掐丝珐琅缠枝莲纹般配盖。盖下暖木塞，牙匙。

通高：6.9 厘米

递藏：Bonham & Butterfield S.F.
望月山房

《牧牛图》驯伏第五

《牧牛图》无碍第六

《牧牛图》任运第七

22 清乾隆掐丝珐琅冰纹八吉祥纹鼻烟壶

扁壶式，肩稍溜，器足宽展，仪态沉稳。铜胎，鎏金。

冰纹为地，衬八吉祥图案，色彩缤纷，绶带飘舞。壶颈饰垂云纹，腹底足际饰仰莲纹。

八吉祥乃佛家法物八般：法螺，具菩萨果妙音吉祥之谓；法轮，大法圆轮万劫不息之谓；宝伞，张弛自如曲覆众生之谓；白盖，偏覆三千净一切药之谓；莲花，出五浊世无所染着之谓；宝瓶，福智圆满具完无漏之谓；金鱼，坚固活泼解脱坏劫之谓；盘长，回环贯彻一切通明之谓。

冰纹，尤其上配图案者，似易实难，难在随机间搭，又不可乱了规矩；匀称，又不可呆板，此壶堪称范例。

壶内施蓝釉。

壶底足圈内錾刻“乾隆年制”四字横款。

掐丝珐琅顶花般配盖。盖下暖木塞，牙匙。

通高：6.8 厘米

递藏：Michaan's

望月山房

23 清乾隆掐丝珐琅黄釉地蓝缠枝西番莲纹鼻烟壶

宝月壶式。铜胎，鎏金。

黄釉为地，之上掐天蓝缠枝西番莲，苹果绿衬瓣，靛蓝叶蕾，浅蓝枝蔓，诸蓝均呈浓淡变化。远观之，近赏之，炯然宫廷风华。意匠经营，在模仿当时宫制黄釉地青花瓷器。此花样，宫档中称为“黄地西番花样”，雍、乾两帝颇喜好之。

如宫内《记事录》载，乾隆元年正月初七日，“太监毛团交青玉双管瓶一件，传旨：‘照此双管瓶样式烧造珐琅双管瓶一件，画吉言花卉，先画样呈览。钦此。’于本月十四日画得双管瓶纸样一张，一边画青花百福莲，一边画黄地西番花样。呈览，奉旨：‘准做黄地西番花样。

钦此。’”[3]

又如乾隆二年八月十一日，帝命“再将鼻烟壶样画些呈览”。造办处珐琅作首领吴书遂于本年九月十八日至本年闰九月初六日，分四批画得各式鼻烟壶样进呈御览，其中九月二十四日“画得西洋狮头鼻烟壶样一件，岁岁双安圆鼻烟壶一件，黄地西番花鼻烟壶一件，交太监毛团、胡世杰、高玉呈览。奉旨：‘着准照样烧造。钦此。’”

壶之掐丝既难，于壶体上将丝花铺布周允，不偏不倚，不疏不促，亦须屏息静气，全神贯注。

壶内施蓝釉。

壶底圈足内錾刻“乾隆年制”四字横款。

掐丝珐琅缠枝西番顶花盖。盖下暖木塞，牙匙。

通高：6.4 厘米

递藏：新加坡私人收藏

Maynards' Industries,Canada, 1995 年 10 月 16 日拍品 64 号

加拿大刘氏收藏

望月山房

清雍正黄釉地青花扁腹绶带壶

清乾隆黄釉地青花交泰瓶

24 清乾隆掐丝珐琅龙翔凤翥纹鼻烟壶

乾隆九龙壁龙纹

方茶叶罐式。铜胎，鎏金。

壶体扁方而四平，边棱分明。台北故宫博物院藏有多枚此种造型的玉鼻烟壶。

壶膛一面为明黄龙，腾云游雾，赤脊翅，绿髭鬃，爪指甲尖另以白釉点出，脑门施金星玻璃釉，映晃视之，星点闪闪，倍添龙之神采。另面五彩凤，展翼拢腿，尾绶舞动，凤喙、膀端及双腿亦施金星玻璃釉。壶之两侧墙子，为黑褐金星玻璃釉地，石榴红花白蔓缠枝西番莲纹，层次鲜明。

金星釉料十分名贵，于玻璃中撒洒红铜、云母等金属氧化物，坩埚熔结成块料，用以制器，如玉工琢玉。初为西洋工匠为仿天然砂金石而创烧，乾隆时传入中国，乾隆后稀绝。其料块或黑或褐或红褐，金斑蕴泛，点点洒洒。经细研成珐琅釉粉，火熔再出，便金砂隐隐、眨动奇妙。

壶内施蓝釉。

壶底方圈足内錾刻“乾隆年制”四字横款。

掐丝珐琅缠枝莲纹般配盖。盖下暖木塞，牙匙。

通高：6.8 厘米

递藏：Kodner

望月山房

乾隆掐丝珐琅龙翔凤
翥方瓶上凤纹

25 清乾隆掐丝珐琅博古纹鼻烟壶

扁壶式。铜胎，鎏金。

含珠垂云纹颈饰，间挂璎珞，足际饰仰莲纹。

黄釉地蓝缠枝西番莲纹锦地，壶门券口式开光，一面内设兰草瓶梅、古锈铜鼎、盏供三多及莲藕、红椒、荸荠；一面有山岚雾漫、过鸟高飞之瓷觚，觚中芙蕖依依，下承藤根座架，如意、牙笏、拂尘插竹兰方笔筒中，蕉扇、茨菰、菱角等零落四下。

壶内施蓝釉。

壶底圈足内錾刻“乾隆年制”四字横款。

掐丝珐琅缠枝莲纹般配盖。盖下暖木塞，牙匙。

通高：6.4 厘米

递藏：Bonhams & Butterfields SF

望月山房

26 清乾隆掐丝珐琅牧牛图鼻烟壶

扁瓶式。铜胎，鎏金。

松石蓝釉上铁锈褐色缠枝西番莲锦地，莲瓣肥润。方圆形开光以一带鎏金圈出，内框牧牛图。壶颈蓝边垂云纹内各嵌红珠三粒，之间挂粉色流苏三穗，膛底足边之仰莲纹亦是蓝边红芯，两相应配。

此壶釉色独具一格，青蓝绀紫，色调偏冷，润、俏、麻诸法兼施，细观之，差似西方印象派点彩画面。掐丝细巧，牧童擎笛之两手亦一一掐出，令人称绝。

所见掐丝珐琅牧牛图鼻烟壶上童子，皆因体微形小，且求视觉远观而眉目毛发俱略去。另面执鞭童子似俱着长裤。初不以为然，谓不过粗存身肢大意而已。后见北京故宫博物院所藏明代掐丝珐琅花觚上童子及乾隆画珐琅鼻烟壶上吹笛童子，方知明清孩童着装，确有散脚直筒长裤一款。

壶内施蓝釉。

壶底足圈内錾刻“乾隆年制”四字横款。

掐丝珐琅缠枝西番莲纹顶花般配盖。盖下暖木塞，牙匙。

通高：7.5 厘米

递藏：美国私人收藏

　　　望月山房

方圆形开光，内框牧牛图，牧童擎笛之两手亦一一掐出，令人称绝

开光内牧牛图局部
执鞭童子着长裤

明代掐丝珐琅花觚上童子

清乾隆画珐琅鼻烟壶上吹笛童子

27 清乾隆掐丝珐琅福寿纹鼻烟壶

筒瓶式。铜胎，鎏金。

黄釉地章，深浅俏润之蓝釉缠枝宝相花与衔红寿字之蓝蝠，围壶身四方上下错落，成福寿绵绵吉祥纹样。

壶内施蓝釉。

壶底圈足内錾刻“乾隆年制”四字双行竖款。

掐丝珐琅缠枝宝相花纹般配盖。盖下暖木塞，牙匙。

通高：7.2 厘米

递藏：Leslie Hindman

28 清乾隆掐丝珐琅矾红釉地缠枝西番莲纹鼻烟壶

扁瓶式，乾隆年间宜兴紫砂胎珐琅彩绘鼻烟壶常用此器形。铜胎，鎏金。

壶体以矾红釉为地章，颈边饰双钩如意云纹，其下为四瓣菱花纹，膛底仰莲纹。

壶膛两面椭圆形开光，松石蓝地，缠枝茁壮；居中大朵西番莲一，花心点矾红，托叶与瓣片分施藕白、柳黄、葱绿，素馨淡雅，花外则卷叶八出，两两合抱幼莲四朵。

开光之间墙子，青紫蓝色缠枝西番莲，花心点鲜黄，石绿为衬叶，缠枝枝端为蓝白俏色，花形伸展飒利。

古来锦地开光惯例：开光之内为主，开光以外为辅。主图密，则辅纹疏，反之，主图疏，则辅纹密，此一张一弛对比之法。而此壶主辅纹样既同，疏密亦一致，惟以设色区别主辅，而并不觉其单调，可谓匠心独运。

乾隆时掐丝珐琅器之地色，大器立件仍以蓝釉为主，玩物小件釉地色调之丰富，则与当时珐琅彩、粉彩器同步，艺匠不过根据不同物件而做选择罢了。尝闻以地釉断代一类说法，如：红釉地掐丝珐琅器初见于嘉庆，黄釉地掐丝珐琅器初见于同治等等，未免有“长短一刀切”之虞。

壶内施蓝釉。

掐丝珐琅缠枝莲纹般配盖。盖下暖木塞，牙匙。

壶底足圈内錾刻“乾隆年制”四字横款。

通高：7.2 厘米

递藏：Lemperz，Colongne，Germany，2008 年
　　10 月 6 日拍品 362 号
　　望月山房

开光之间墙子，青紫蓝色缠枝西番莲，花形伸展飒利

29 清乾隆方瓶式掐丝珐琅鼻烟壶

四方瓶式，双环耳。铜胎，鎏金。

壶形取诸秦代铜钫，而长其颈项。壶颈四面饰朵花及蕉叶纹，壶膛四面饰缠枝莲各一朵，撇足四面则饰菱花纹。

设色古典，丝纹简约，有明代风格，与北京故宫博物院所藏双联瓶式掐丝珐琅鼻烟壶意趣相同。壶底方足圈内“乾隆年制”刻款，亦与双联瓶式壶之款神接韵融。

因其唇圈周遭有后焊痕迹，颇疑此器原非盛放鼻烟之壶，乃随身携带丹散灵粉之药瓶。宫中古玩档中记有“掐丝珐琅双环小瓶一件，重一两六钱”，或即此器或此类器。[4]姑存此说。

壶内施蓝釉。

青金石移配盖。

通高：7.5 厘米

递藏：Sotheby’s London, 1994, Lot 193
Alan Hartman, New York
Asiantiques, Winter Park,
J&J 小有洞天
Christie’s NY, 2005, Lot 60
Nikola Marakovic

30 清乾隆掐丝珐琅缠枝莲纹鼻烟壶

葫芦瓶式。铜胎，鎏金。

壶身釉色深青靛蓝；莲瓣鸡血红，墨色俏染花蕊，姜黄托叶；心形蓓蕾黑闪红粒，乃两色釉掺和，术语称“麻”；缠枝枝梗施粗丝，叶牙与勾莲以细丝，丝工娴熟，似谈笑间一挥而就；壶颈饰单丝如意云纹，撇足边饰以朱红点珠。

北京翰海2005年曾拍出一只，红莲，姜黄托叶，砗磲白花蕊；德国纳高亦曾拍一只，红莲，姜黄托叶，石灰白花蕊。三只手法绝似，或原属一套。

壶内施蓝釉。

缨盔式掐丝珐琅缠枝莲纹般配盖。盖下暖木塞，牙匙。

壶底圈足内錾刻“乾隆年制”四字横款。

通高：8.2厘米

递藏：Carl Nordgren Collection

The Jade Dragon

望月山房

31 清乾隆掐丝珐琅花鸟纹鼻烟壶

四瓦楞扁方瓶式。铜胎，鎏金。

紫红釉地，壶肩缠枝纹锦地，壶两侧为菱形回纹锦地。两面膛上开光内掐花鸟纹，声色活泼。壶内施蓝釉。

壶底方形足圈内錾刻“乾隆年制”四字横款。

掐丝珐琅缠枝莲纹般配盖。盖下暖木塞，牙匙。

通高：6.5 厘米

递藏：Bonhams HK

32 清乾隆掐丝珐琅洪福齐天鼻烟壶

扁壶式。铜胎，鎏金。

蓝釉为地，如张天幕。通体饰松黄俏白缠枝莲纹，两面膛上各有红蝠三只，衔玉珮样深蓝寿字，鼓翼云天之上，寓洪福齐天意，观之瑰丽斑斓。

据闻，此壶自海外回流。两千又八年六月经中贸圣佳“清代宫廷珐琅器”专场拍出，为同类壶国内拍场攫得高价之第一枚。思来余道之不孤，共知同识者颇有人在。

壶内当施蓝釉。（拍卖图录注“壶内露胎”，殊以为异。观随后所拍诸壶，俱沿此说，想必未经洞深细察之故，因云“当施蓝釉”。以下亦依此例。）

壶底圈足内錾刻“乾隆年制”四字横款。

掐丝珐琅顶花移配盖，花色宛若般配。盖下暖木塞，牙匙。

通高：6.5 厘米

递藏：中贸圣佳，2008 年 6 月 7 日“中国清代宫廷珐琅器专场”拍品 279 号

33 清乾隆掐丝珐琅博古纹鼻烟壶

宝月壶式。铜胎，鎏金，金呈“九紫”。

颈边之垂云纹无折曲，足边为五佛冠式仰莲纹。

锦地为淡蓝色缠枝宝相花，俏月白色，娇黄色花芯，以淡茄紫釉为地仗，设色沉穆，颇少见。

两面膛上为鎏金双丝系扎式海棠开光：一面内置兰草纹白釉瓶一，插素白折枝花卉；锦函古书一部，织锦函套；笔筒一，拂尘、毛笔、画轴插其中；绿锈古泉一，似是汉五铢；青尖椒一枚。另面为哥釉瓶一，养粉红折枝海棠；供盏中为石榴、佛手、鲜桃；青铜古鼎一及三镶玉如意一柄。

供盏口缘与古鼎肩部上之连续弧线，亦时见于乾隆壶盖唇沿或颈肩折角处，意在填空以防崩釉。将其错落叠置，施于龙、凤、鱼之上，便为鳞纹。至晚清—民国，拓展其应用，遂成为颇具时代特征之常用边饰，即所谓鱼鳞纹。

壶内施蓝釉。

壶底圈足内刻“乾隆年制”四字横款。

掐丝珐琅顶花般配盖。盖下暖木塞已佚，后配橡木塞，牙匙。

通高：6.6 厘米

递藏：Eldred’s

望月山房

此壶以淡茄紫釉为地仗，设色沉穆，颇少见

34 清乾隆掐丝珐琅暗八仙纹鼻烟壶

扁瓶式。铜胎，鎏金。

鎏金带开光之外，为黄釉地蓝色缠枝莲纹锦地，开光之内为暗八仙纹饰：钟离权扇、洞宾剑与拂尘、果老鱼鼓、国舅玉版、仙姑荷花、铁拐之杖与葫芦、采和花篮、湘子横笛，各系双色束绦，或红粉与蓝、或天蓝雪白、或淡黄嫩绿、或纯白湖蓝，于黑釉地之上，益觉鲜艳醒目。

乾隆掐丝珐琅鼻烟壶，不论敷色何其多端，均能不掺不串、发色纯正，其点蓝之技干净利落，于此壶尽见。

壶内当施蓝釉。

壶底圈足内錾刻“乾隆年制”四字横款。

掐丝珐琅缠枝莲纹顶花般配盖。盖下暖木塞，牙匙。

通高：7.5 厘米

递藏：中贸圣佳，2008 年 6 月 7 日“中国清代宫廷珐琅器专场”拍品 282 号

两面开光内为暗八仙纹饰：钟离权扇、洞宾剑与拂尘、果老鱼鼓、国舅玉版、仙姑荷花、铁拐之杖与葫芦、采和花篮、湘子横笛

35 清乾隆掐丝珐琅鸳鸯鹭鸶纹鼻烟壶

四瓦楞扁方瓶式。铜胎，鎏金。

两侧墙子为黄釉地缠枝莲纹锦地。膛上分写鸳鸯和合与鹭食青莲。一面碧盖婷婷，莲房擎出，红粉正放。一对彩色鸳鸯，相顾凫水而过。另面仍是荷塘景色，有鹭鸶二，一静啄叶茎，一飞衔菂蕊。鹭食青莲，谐音禄食清廉也。

壶内施蓝釉。

壶本无款。壶底长方形足圈内“乾隆年制”款，不成体统，乃后人妄刻。

掐丝珐琅缠枝莲纹顶花般配盖。盖下暖木塞，牙匙。

通高：6.5 厘米

递藏：美国私人收藏

36 清乾隆掐丝珐琅云鹤穿花纹鼻烟壶

筒瓶式。铜胎，鎏金。

蓝釉为地章，其蓝深湛，有碧海青天之感。祥云缭绕，落花纷坠，丹顶白鹤五羽，翩翩而其姿各异，舞唳翱翔其间。

颈边与足际所饰之如意云纹与仰莲纹，正红浓绿相间，不觉俚怯，反觉大胆洒脱。

图中漂浮之云纹，明初掐丝珐琅器上已见，乾隆时掐丝珐琅小件更多用之。

圈足内刻“乾隆年制”四字双行竖款，行笔粗拙率意。比照乾隆朝粤海关所贡画珐琅器之黑珐琅写款，笔致全同。

壶内施蓝釉。

掐丝珐琅缠枝莲纹顶花移配盖，亦是乾隆朝旧物。盖下暖木塞，牙匙。

通高：7.2 厘米

递藏：I.M.Chait

　　　望月山房

乾隆掐丝珐琅摩羯盂上云纹

绕壶展开，祥云缭绕，白鹤五羽，翩翔其间

37 清乾隆掐丝珐琅琴棋书画博古纹鼻烟壶

扁壶式。铜胎，鎏金。

壶颈饰俯仰勾云纹，足边饰仰莲纹。锦地以苹果青为地章，上掐蓝宝相花：黄芯、淡蓝瓣，深紫蓝茎蔓，层次分明。

芰荷、碧叶绽放于古瓷罐中，梅花、天竺并茂于花觚之内，山水笔海，虬松盆景，白嫩莲藕，红绿椒儿，更有点题之琴棋书画四事，此膛上两面开光景象。

博古图中屡绘三代青铜花觚供梅、荷、海棠之属，并非匠师臆造，乃实写古人逸趣小景。觚者，古亦统称樽，为礼器一种，后世仿其制而用为花觚，或三代始制即用为花觚。明张岱《陶庵梦忆》卷六，记以齐景公墓出土之花樽“取浸梅花，贮水”，樽竟“汗如雨下，逾刻始收”。此后更有奇瑰异象出：“花谢结子，大如雀卵。”如是，于古青铜器内水养折枝，定宜鲜卉之性，古人方为之。

壶内施蓝釉。

壶底圈足内錾刻“乾隆年制”四字横款。

掐丝珐琅缠枝宝相顶花般配盖。盖下暖木塞，牙匙。

通高：6.6厘米

递藏：英国私人收藏

苏州东方艺术品拍卖有限公司

望月山房

38 清乾隆掐丝珐琅牧牛图鼻烟壶

扁壶式。铜胎，鎏金。

壶形肥腴，握手充盈。一面层岫横陈，绿荫蔽空，牛静人闲；一面拂柳疏叶，极目远廓，云气清朗。匠师以西洋润色法描画之天色，常见于乾隆时屏画所绘，直可名之为“乾隆式天空”，霞曦幻化，令人有良辰美景、瑶台仙境之感。

锦地黄釉，缠枝莲为蓝芯砗磲白瓣，两色皆肥润如脂。

壶内施蓝釉。

壶底圈足内錾刻“乾隆年制”四字横款。

掐丝珐琅黄釉地缠枝莲纹般配盖。盖下暖木塞，牙匙。

通高：6.8 厘米

递藏：Leslie Hindman

望月山房

39 清乾隆掐丝珐琅黄釉地蓝西番莲纹鼻烟壶

筒瓶式。铜胎，鎏金。

此壶之立意与设色，同于述例23，惟颈饰为如意云纹而非垂云纹。凡所获观之筒瓶式壶，颈饰俱为如意云纹，盖因垂云纹形状尖长，而筒瓶式颈短弧弯，适宜矮扁形颈饰，由此遂成则例。壶内当施蓝釉。

壶底圈足内錾刻“乾隆年制”四字两行竖款。掐丝珐琅缠枝宝相顶花般配盖。盖下暖木塞，牙匙。

通高：7 厘米

递藏：中贸圣佳，2008 年 6 月 7 日“中国清代宫廷珐琅器专拍”拍品 281 号

40 清乾隆掐丝珐琅龙翔凤翥纹鼻烟壶

方茶叶罐式。铜胎，鎏金。

据乾隆二十九年《钦定大清会典·冠服》，五爪龙纹，天子以下，郡王以上方用得。有清一代，冠舆服色逾制，乃重罪，尤以雍乾两朝法治最为森严。上述诸枚龙凤纹壶，龙俱为五爪，赏用范围当不出皇家之门。

壶内施蓝釉。

壶底方圈足内錾刻“乾隆年制”四字横款。

掐丝珐琅缠枝莲纹般配盖。盖下暖木塞，牙匙。

通高：6.7 厘米

递藏：Skinners Boston

望月山房

41 清乾隆掐丝珐琅博古纹鼻烟壶

宝月壶式。铜胎，鎏金。

短壶颈，矮圈足，壶体圆鼓喜人。墨绿地蓝缠枝莲纹锦地两面开光，内施松石蓝釉地章。开光之一面，正中为象驮宝瓶，即太平景象，瓶内之缨枪与羽扇，寓意文韬武略、智勇双全；红珊瑚一枝竖在左侧孔雀蓝珐琅花罐中，笔林、卷轴与拂尘立于右边画筒内，画筒上隐约可见山、树与黄顶红门一房舍。开光之另面，荷花与如意为如意和合之象，旁有书画、玉箫，散落枚果桃红粉艳，为频婆果，即今之苹果。

壶内施蓝釉。

壶底圈足内錾刻“乾隆年制”四字横款。

掐丝珐琅缠枝莲纹般配盖。盖下暖木塞，牙匙。

通高：7 厘米

递藏：Nell Adams Collection

Bonhams & Butterfields SF, 2007 年 9 月 24 日拍品 2067 号（拍卖所得用于赞助斯坦福大学 Iris & B.Gerald Cantor 视觉艺术中心）

中贸圣佳，2010 年 1 月 11 日“中国珐琅器专场”拍品 1656 号

42 清乾隆掐丝珐琅缠枝宝相花纹鼻烟壶

筒瓶式。铜胎，鎏金。

宝相花之布列，分上下两行，每行四花，行间摆置错落，旋转观之，每一看面呈三花、四花、五花奇偶不等，虽仅有宝相花八，却似绕身无穷。

壶内施蓝釉。

壶底圆圈足内錾刻“乾隆年制”双行竖款。

掐丝珐琅顶花般配盖。盖下暖木塞，牙匙。

通高：7.1 厘米

递藏：美国私人收藏

望月山房

43 清乾隆掐丝珐琅花鸟纹鼻烟壶

扁壶式，短颈，阔膛。铜胎，鎏金。

黄釉上蓝色缠枝西番莲锦地。海棠式开光内以白釉如玉版宣纸为地仗，亦是仿画珐琅作法。一面绘粉红牡丹与蓝牡丹各一本，叶簇围随，依傍并开。一红顶翠鸟，回旋其上，一翼伸展，一翼缩拢，正欲下降。另面之鸟，赤额、黄翎、黑斑，当是黄鹂，爪立灼灼桃花间，鼓目圆睁，注视枝头，似见虫蛾飞来，煞是可爱。

尝请教老圃艺人，言确有蓝瓣牡丹，且为牡丹中极品。

壶内当施蓝釉。

壶底圈足内錾刻“乾隆年制”四字横款。

掐丝珐琅缠枝西番莲纹顶花般配盖。盖下暖木塞，牙匙。

通高：7.5 厘米

递藏：中贸圣佳，2010 年 1 月 11 日“中国珐琅器专场”拍品 1655 号

一面开光内有粉红牡丹与蓝牡丹依傍并开，红顶翠鸟回旋其上

44 清乾隆掐丝珐琅福寿绵绵纹鼻烟壶

扁壶式。铜胎，鎏金。

两面壶膛上掐三蝠衔寿字，通体黄釉地仗，淡松石蓝缠枝花锦地繁衍滋延，绵绵不绝。设色素雅耐看。

壶内施蓝釉。

壶底圈足内錾刻“乾隆年制”四字横款。

掐丝珐琅顶花般配盖。盖下暖木塞，牙匙。

通高：6.7 厘米

递藏：美国私人收藏

望月山房

45 清乾隆掐丝珐琅墨绿地四开光博古纹鼻烟壶

葫芦瓶式。铜胎，鎏金。

两面壶膛依葫芦形状设大小开光四，其内分置罐、瓶、盂、筒、盆各器，书、画、钱、笔架、如意诸事，天竺、海棠、丹桂、兰花数本，更有菱角、茨菰、青椒之属。

釉地墨绿，光晦呈黑色，向光始透绿，其色深邃，似难测其底。乾隆朝墨绿珐琅釉，概具此特征。壶内当施蓝釉。

壶底圈足内錾刻“乾隆年制”四字横款。

缨盔式掐丝珐琅般配盖。盖下暖木塞，牙匙。

通高：8 厘米

递藏：中贸圣佳，2008 年 6 月 7 日“中国清代宫廷珐琅器专场”拍品 280 号

46 清乾隆掐丝珐琅缠枝西番莲纹鼻烟壶

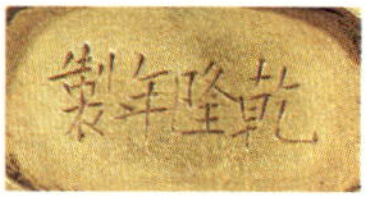

扁壶式。铜胎，鎏金。

此壶设色之绚丽，亚赛述例之二十，却独有颖异之处：花为西番莲，茎蔓双丝钩，一仍常轨，叶片形状及筋脉勾勒，却转用中国工笔画法。如此中西合璧，入目清新不俗。

壶内当施蓝釉。

壶底圈足内錾刻“乾隆年制”四字横款。

掐丝珐琅缠枝西番莲纹顶花般配盖。盖下暖木塞，牙匙。

通高：7 厘米

递藏：中贸圣佳，2010 年 1 月 11 日“中国珐琅器专场”拍品 1652 号

壶上花叶勾勒中西合璧，入目清新不俗

47 清乾隆掐丝珐琅龙凤纹鼻烟壶

扁壶式。铜胎，鎏金。

龙凤纹壶以方茶叶罐式居多，取其平面宽高，便于措手。若此壶之小，加之开光内容有限，龙飞凤舞，却也能调停舒展，殊为难得。

开光间锦地之孔雀绿地章，釉料为孔雀宝石(malachite)，故森浓深碧中映现螺钿般之茨纹。

壶内施蓝釉。

壶底圈足内錾刻“乾隆年制”四字横款。

掐丝珐琅缠枝宝相顶花般配盖。盖下暖木塞，牙匙。

通高：6.5 厘米

递藏：Bonhams & Butterfields LA
　　　望月山房

48 清乾隆掐丝珐琅松鹤遐龄纹鼻烟壶

筒瓶式。铜胎，鎏金。

绕壶展开，为一通景。群山环抱，绿草如茵，鲜花点缀，朝日冉冉半空中，巨松盘蟠，抓地蔽天。白鹤五羽，于松边翩降行立，上下翻飞。广州制品。壶之图案，自壶颈以下，共四层。壶盖亦有四层。

壶内施蓝釉。

壶底圈足内錾刻“乾隆年制”四字双行竖款。

掐丝珐琅顶花般配盖。盖下暖木塞，牙匙。

通高：6.9 厘米

递藏：Skinners Boston

望月山房

绕壶展开，绿草如茵，白鹤五羽，上下翻飞行立

49 清乾隆掐丝珐琅缠枝西番莲纹鼻烟壶

扁壶式。铜胎，鎏金。

此壶以设色取胜。宝蓝釉地，红、蓝、黄、白、绿五色缠枝，蓓蕾浅淡，番叶浓碧，莲朵红粉轻白、色润胭脂，叹浴火而出之物，竟能如此娇媚。颈边与足际之纹，另施鹅黄新色。故莲虽数朵、枝叶不繁，却是争奇斗妍、满园春色。壶内当施蓝釉。

壶底圈足内錾刻“乾隆年制”四字横款。

掐丝珐琅缠枝西番莲纹顶花般配盖。盖下暖木塞，牙匙。

通高：7 厘米

递藏：中贸圣佳，2010 年 1 月 11 日“中国珐琅器专场”拍品 1651 号

宝蓝釉地上五色缠枝，满园春色

50 清乾隆掐丝珐琅瑞狮戏球图鼻烟壶

扁壶式。铜胎，鎏金。

壶身施松石蓝釉地仗，朵云浮动，彩绦飘飘，绣球旋滚，金狮、绿狮各一双，卷髻披鬃，张吻舞爪，踏天戏嬉。壶颈饰倒蝠与寿桃。

清代狮纹，已无复明代狮纹之威凛狞厉、身姿矫夭，掐丝珐琅器自不能例外。此鼻烟小壶之狮，雄大健壮，睛如突卵，鼻似海龙，锯齿利爪，实属清代掐丝珐琅狮纹之佼佼者。

壶内当施蓝釉。

壶底圈足内錾刻“乾隆年制”四字横款。

掐丝珐琅束带绣球般配盖。盖下暖木塞，牙匙。

通高：6.5 厘米

递藏：中贸圣佳，2010 年 1 月 11 日“中国珐琅器专场”拍品 1653 号

壶上四狮，睛如突卵，鼻似海龙，锯齿利爪，为清代掐丝珐琅狮纹之佼佼者

51 清乾隆掐丝珐琅六合同春鼻烟壶

萝卜瓶式。铜胎，鎏金。

六合者，天地四方之谓。以六合与鹿鹤谐音，取象成图，以图寓意，故又称鹿鹤同春。

红釉地青蓝缠枝莲纹锦地，卷西番叶镜框式开光，可视为两幅画面，亦可作节奏徐徐之连环图画观之：山野春色之中，松荫溪潺之间，长鹤已越流而过，闻幼鹤扬唤，欣欣然回首顾盼；稚鹿涉水俯饮，雄鹿殿其后，听得稚鹤鸣唤，转颈观望。构图有孩童天真气。

颈饰如意云纹。足际之仰莲纹，内垂璎珞流苏。

壶内施蓝釉。

壶底圆圈足内錾刻“乾隆年制”双行竖款。

掐丝珐琅缠枝莲纹般配盖。盖下暖木塞，牙匙。

通高：7.6 厘米

递藏：Skinners，Boston

望月山房

北京故宫博物院藏清乾隆画珐琅鼻烟壶上双鹿

52 清乾隆掐丝珐琅福寿绵绵纹鼻烟壶

乾隆掐丝珐琅缠枝莲纹多穆壶

扁壶式。铜胎，鎏金。

宝蓝釉地，壶膛两面正中为蝠衔寿字珮，斑彩缠枝莲纹缠护，金丝炫灿，蔓衍遍体，其华丽尊贵，与乾隆晚期掐丝珐琅器之极精品同韵一格。

壶内施蓝釉。

壶底圈足内錾刻“乾隆年制”四字横款。

掐丝珐琅缠枝莲纹般配盖。盖下暖木塞，牙匙。

通高：6.5 厘米

递藏：Tennants, N.Yorkshir, England

美国私人收藏

望月山房

53 清乾隆掐丝珐琅牧牛图鼻烟壶

扁壶式。铜胎，鎏金。

壶之风范，丰盈富丽。而丝艺之精美，视其锦地之缠枝与花形，似已臻绝伦，然再观其壶盖顶花，缠枝更细，分衍盘曲而丝缕不爽，花形更小，腰纤指尖而姿容妖娆，方领教古时丝工手段高超，难限量也。

掐丝纹图，以人物为最难。牧牛图之壶，图微人小，似更难描绘，故牧童均写其背影，乃扬长避短之法。牛为图之主旨形象，因之神情、动态、质感，一一具体。此壶之牛，其目睛俏然而有喜悦意，赏之犹妙。

壶内施蓝釉。

壶底圈足内錾刻“乾隆年制”四字横款。

掐丝珐琅缠枝西番莲纹顶花般配盖，盖下暖木塞，牙匙。

通高：6.5 厘米

递藏：Eldreds

望月山房

开光内牧牛图，牛之目睛俏然而有喜悦意

54 清乾隆掐丝珐琅葫芦万代纹鼻烟壶

扁壶式。铜胎，鎏金。

但见秋架遮荫，摇叶纷披，垂实累累。新叶尚绿，茎丝螺旋数匝，老叶已边卷欲枯。一双花蝶，扇翅穿行。

架挂之葫芦，绿色嫩，金色熟，黄白淡褪者老，而幼者蒂花尚开，如子子孙孙绵延不绝，故称葫芦万代。

又是一乾隆朝无款佳制，似对景写生，生趣盈盈。

膛底足边之仰莲纹，为五佛冠式莲瓣纹之一变体，内芯锐尖。

壶内当施蓝釉。

皮球花纹掐丝珐琅移配盖。盖下暖木塞，牙匙。皮球花为雍乾间常见纹饰，然皮球花纹掐丝珐琅鼻烟壶，传世仅见一晚清—民国间制品。视此移配盖，乾隆朝亦有行此纹饰之壶。何以知此盖为乾隆而非晚清—民国之制？盖乾隆壶盖，盖下为暖木塞，晚清民国之盖，盖下为一粗铜管，故知之。

通高：7 厘米

递藏：中贸圣佳，2010 年 1 月 11 日“中国珐琅器专场”拍品 1667 号

蓝釉地上摇叶纷披，垂实累累，一双花蝶扇翅穿行，生趣盈盈

55 清乾隆掐丝珐琅龙凤纹鼻烟壶

方茶叶罐式。铜胎，鎏金。

两侧墙子为石榴红配艳蓝缠枝西番莲锦地。膛子开光内宝蓝地章，金黄龙、金黄凤各一，须鳍翼尾则斑斓多彩。

壶内施蓝釉。

壶底方圈足内錾刻“乾隆年制”四字横款。

掐丝珐琅缠枝西番莲纹般配盖。盖下暖木塞，牙匙。

通高：6.5 厘米

递藏：中贸圣佳，2010 年 1 月 11 日“中国珐琅器专场”拍品 1657 号

56 清乾隆掐丝珐琅缠枝西番莲纹鼻烟壶

乾隆宫制紫檀柜上雕花板

筒瓶式。铜胎，鎏金。

此壶为典型之粤海关珐琅风格。纹饰繁缛，绮秾富丽，仅颈肩之饰便叠为垂云、卷草与如意云纹三层，足际饰仰莲纹。主图设计更别出心裁：以蓝釉拐子螭纹变体为锦地，让出开光之形，内衍五色缠枝西番莲，看去如花簇拥掩之透雕棂窗，视观极佳，与乾隆宫制广式紫檀家具雕花同一意趣。

壶内施蓝釉。

壶底圈足内錾刻“乾隆年制”四字双行竖款，有《玉版十三行》流风。

掐丝珐琅般配盖。

通高：7.2 厘米

递藏：Christie's NY, 1995 年 9 月 22 日拍品 328 号

57 清乾隆掐丝珐琅花鸟纹鼻烟壶

扁瓶式。铜胎，鎏金。

以黑地蓝花淡色枝蔓铺锦地，棕黄色夔凤式开光，一面月季，一面牡丹，各有小鸟一只，红喙绿翎，回啄花香。

壶之口沿加宽，虽令壶体更形敦重，却令壶盖边沿难以处理，窄则轻浮失衡，同宽则显累赘垛复。匠师高招，于盖之近顶处再露金边一条，与盖之边沿隔花呼应，两相配合，将壶口宽沿稳稳镇住，可谓苦心孤诣。

壶内当施蓝釉。

壶底圈足内錾刻“乾隆年制”四字横款。

掐丝珐琅顶花般配盖。盖下暖木塞，牙匙。

通高：7.5 厘米

递藏：中贸圣佳，2010 年 1 月 11 日“中国珐琅器专场”拍品 1658 号

58 清乾隆掐丝珐琅牧牛图鼻烟壶

扁壶式。铜胎，鎏金。

牧牛图景，釉色明快，掐制洗练。黄釉地上苹果绿缠枝宝相花锦地，色泽淡雅，丝纹绮秾。

开光外缘与足边仰莲纹之间，已紧窄仅余一缝，本无须再填丝纹，匠师却不肯罢休，仍掐蔓茎衍入，为之嘉叹良久。

壶内施蓝釉。

壶底圈足錾刻“乾隆年制”四字横款。

掐丝珐琅缠枝宝相顶花般配盖。盖下暖木塞，牙匙。

通高：6.8 厘米

递藏：Bonhams & Butterfields LA

望月山房

59 清乾隆束腰式掐丝珐琅博古纹鼻烟壶

束腰式，或曰把攥式，以其形状适于指挠掌握也。

蓝纹白釉锦地，仿青花瓷绘。两面膛上夔凤式开光：一面有净水钵梅桩，壁上宝剑，香熏，茨菰；一面有古锦画卷二，蓝釉花瓶一，内养折枝海棠，旁供佛手、桃、石榴，乃多福多寿多子之三多；另有一物，色黑褐，其状似蛳螺，或竟是蛳螺，祈识者惠我。

蓝釉花瓶之上，亦写图中之图：一轩临山倚水，远帆渐去。尝闻藏瓷前辈言：乾隆彩釉器上之屋宇，俱是黄顶红门。检对此图，确是经验老道之谈。

壶内施蓝釉。

壶底圈足内錾刻“乾隆年制”四字横款。

掐丝珐琅缠枝莲纹顶花般配盖。盖下暖木塞，牙匙。

通高：6.8 厘米

递藏：Waddington，Canada

望月山房

一面开光内，蓝釉花瓶上又有山水屋宇

60 清乾隆掐丝珐琅缠枝莲纹鼻烟壶

扁壶式。铜胎，鎏金。

壶形端庄饱满，通体蓝釉地，其蓝如翠羽翎毛，釉质雅润。回旋奔射之茎枝，丫叉生发之碧叶，缀挂淡黄、粉红色莲花，蓝芯樱红莲蓬子。壶颈饰俯仰勾云纹，膛底足际饰仰莲纹。

所见乾隆掐丝珐琅鼻烟壶，以此壶手用最甚，年久几残金殆尽。

壶内施蓝釉。

掐丝珐琅缠枝莲纹般配盖。盖下暖木塞，银匙。

壶底圈足内錾刻“乾隆年制”四字横款。

通高：6.5 厘米

递藏：Clare Auction Gallery，USA
北京德隆宝，2008 年 5 月 5 日拍品 1070 号
杭州吴山通宝城聚古斋
望月山房

61 清乾隆掐丝珐琅冰纹博古图铺首耳鼻烟壶

胆瓶式。铜胎，鎏金。

遍体冰纹，两面图饰以铺首衔环耳为分界。一面膛上，红、白两色梅花自饕餮蕉叶纹瓷瓶中披迤而下，明宣德蓝釉龙纹大罐与战国古币方足布分置两旁；另面膛上，红、白两色海棠插藕合色兰草转芯瓶中，左边古铜瓮摆苔石盆景，右侧香熏球内袅袅升烟。

饕餮瓶本乾隆仿古，转芯瓶乃乾隆创新，烁古铸今，颇显一朝特色。

双环铺首，面貌不怒而威。岂惟装饰，其环圈凹洼处，大小恰能纳受指肉，便于拿捏。

壶颈孔小而细长，内膛容深，非特殊器械，难察内施蓝釉与否。然其乾隆壶，当施蓝釉。

壶底圈足内錾刻“乾隆年制”四字横款。

掐丝珐琅顶花般配盖。盖下暖木塞，牙匙。

通高：8.3 厘米

递藏：Waddington's，Canada
　　　望月山房

62 清乾隆掐丝珐琅万花锦纹鼻烟壶

扁壶式。铜胎，鎏金。

万花锦，又称百花不露地。此图案源出古代波斯壁毯，流行于中东及莫卧尔王朝时期之印度，16世纪初盛行于法国及比利时弗莱芒地区，名曰 Mille Fleur（千花万朵），后经欧洲或日本传入中国。乾隆朝用之于彩瓷、织物之外，亦见用于鼻烟壶之上，如香港玛丽与庄智博夫妇藏品（Mary & Geoge Bloch Collection）中之“乾隆宫制画珐琅万花锦纹鼻烟壶”，绘制多采西洋明暗勾勒画法，富立体感，可见此图案之渊源。壶颈为含珠如意垂云纹，足边饰仰莲纹，俱施石榴红与栗黄釉。壶之万花丝纹，可辨者有菊花、百合、月季、牡丹、山茶、海棠、桃子、

石榴、长春花等，间以叶片，密而不紧，活而不乱，随意生发而又章法不紊。设色以松黄、香色、酱色、栗黄、深葡萄色、石榴红、苔绿、铁锈色、秋香色、茶烟褐、淡墨等诸般辅色担纲主演，和谐于柔暖之大色调中，隐现细部明暗冷暖之交织变化，金丝缭绕，绚斓其间，格外之醒目。整体观之，静穆含蓄而华贵典雅，兼有古欧亚装饰风格。纹图起稿，或许出自西洋画师如艾启蒙、王致诚辈之手。凡所过目之乾隆掐丝珐琅壶中，仅此一枚，极为珍罕。

珐琅釉质均呈透明状，与国产原料迥然有别，为西洋舶来原料。

康乾盛世，文化气魄之大，海纳百川，良非虚誉。

壶内施蓝釉。

壶底圈足内錾刻“乾隆年制”四字横款。

掐丝珐琅万花锦般配盖。盖下暖木塞，牙匙。

通高：6.4 厘米

递藏：Skinners，Boston

望月山房

北京故宫博物院藏清乾隆画珐琅万花锦纹鼻烟壶

壶之万花丝纹，可辨者有菊花、百合、月季、牡丹、山茶、海棠、桃子、石榴、长春花等

63 清乾隆掐丝珐琅金星釉牧牛图鼻烟壶

扁壶式。铜胎，鎏金。

锦地为黄釉地伏，其上为黑釉缠枝西番莲、褐釉茎蔓；壶颈垂云纹与足际仰莲纹之边与芯，亦以黑、褐两色搭配。缠枝莲所施黑色釉以天然宝石之一种黑晶石（Onyx）为原料。牯牛、大树及花枝茎蔓之褐色釉料，则以金星玻璃釉料磨粉制就。

红色双金边开光内为牧牛图，绿茵青山，褐牛蓝童，框之以金丝，仿佛一幅金碧山水。

壶内施蓝釉。

壶底圈足内錾刻“乾隆年制”四字横款。

掐丝珐琅缠枝莲纹顶花般配盖。盖下暖木塞，牙匙。

通高：6.9 厘米

递藏：Michaan's

望月山房

64 清乾隆掐丝珐琅八吉祥纹鼻烟壶

萝卜瓶式。铜胎，鎏金。

松石蓝釉地，云朵飘浮，丝缕缭绕，八吉祥宝物呈其间。颈饰如意垂云纹，足际为仰莲纹，内嵌璎珞流苏。

壶内施蓝釉。

足底圆圈足内錾刻“乾隆年制”双行竖款。

掐丝珐琅移配盖。盖下暖木塞，牙匙。

通高：7.8 厘米

递藏：Michann

望月山房

绕壶展开，八吉祥宝物呈于云朵丝缕间

65 清乾隆掐丝珐琅黄釉地八吉祥纹鼻烟壶

扁瓶式。铜胎，鎏金。

器形之祖本，乃西周铜壶。壶侧墙子为白地蓝花锦地。沿壶膛边缘以金红双线开光，娇黄釉为地仗，束绦彩色八吉祥纹。

壶内施蓝釉。

壶底长方足圈内錾刻“乾隆年制”四字横款。

掐丝珐琅顶花般配盖。盖下暖木塞，牙匙。

通高：6.5 厘米

递藏：Bonhams HK

66 清乾隆掐丝珐琅皮球花纹鼻烟壶

乾隆画珐琅皮球花纹瓶

扁壶式。铜胎，鎏金。

前述清乾隆葫芦万代纹掐丝珐琅鼻烟壶（参见述例 54），因其原盖已佚，移配盖为皮球花纹饰，故推断乾隆时必有皮球花纹之壶。不意数年后，得此完器。

皮球花之远祖可追溯至商代云雷纹及团形花纹，高祖为隋唐织锦之小团花纹，明清时盛行。以梅、菊、兰、桃、荷、葵、天竺、瓜果、秋海棠等花瓣散撒布局，以散而不散、变化多端、大小灵动、疏密错落、斑色陆离为佳。

壶内施蓝釉，惜未能匀布。

壶底圈足内錾刻“乾隆年制”四字横款。

掐丝珐琅般配盖。盖下软木塞，牙匙。

通高：6.7 厘米

递藏：望月山房

67 清乾隆掐丝珐琅黄釉地纷彩缠枝莲纹鼻烟壶

扁壶式。铜胎，鎏金。

黄釉地，五色缠枝，彩花缀挂其间：一种以红、粉红、松石绿、葱绿为瓣蕊，一种以靛蓝、青蓝、藕白、葱绿为瓣蕊，缤纷富丽如乾隆晚期粉彩官窑瓷器。

壶内施蓝釉。

壶底圈足内錾刻“乾隆年制”四字横款。

掐丝珐琅般配盖。盖下软木塞，牙匙。

通高：6.5 厘米

递藏：Kunsthandel Klefisch, Koln, Germany

望月山房

68 清乾隆掐丝珐琅博古纹鼻烟壶

筒瓶式。铜胎，鎏金。

壶之纹饰格局，分为四层：颈饰如意云纹，肩饰联钱纹，壶膛白地青花锦地开光，足边为仰莲纹。一面开光为古松盆景，花觚山茶，桃子；树瘿笔筒内插笔三支，旁卧如意一柄，喻必定如意。另面开光有折枝月季、白珊瑚及琴棋书画。

筒瓶式及图案分层结构，为广州制掐丝珐琅壶一大特点。

壶内当施蓝釉。

壶底圈足内錾刻“乾隆年制”四字双行竖款。

款体与述例56之款体，如出一人之手。

掐丝珐琅缠枝莲纹般配盖。盖下暖木塞，牙匙。

通高：7 厘米

递藏：中贸圣佳，2010 年 1 月 11 日“中国珐琅器专场”拍品 1659 号

69 清乾隆掐丝珐琅博古纹鼻烟壶

方茶叶罐式。铜胎，鎏金。

壶体平膛，淡蓝釉为地，温润如酥脂。博古清供，图分两面：一面铜觚中置牙笏、花翎，象樽中插画戟、如意，主太平有象、官阶亨通于外；一面有莲荷、拂尘、如意、玉箫、佛手数事，主吹箫引凤、齐家美满于内。壶两侧白釉地上掐青花缠枝牡丹纹。

壶内施蓝釉。

壶底方形圈足内錾刻“乾隆年制”四字横款。

掐丝珐琅缠枝牡丹纹般配盖。盖下暖木塞，牙匙。

通高 6.6 厘米

递藏：美国私人收藏

望月山房

蓝釉地上博古清供，有莲荷、拂尘、如意、玉箫、佛手数事

70 清乾隆—嘉庆掐丝珐琅狮戏纹鼻烟壶

扁壶式。铜胎，鎏金。

壶之颈饰，以两组蝙蝠与桃之福寿纹取代云纹环列；锦地之缠枝蔓茎，疏匀而不再繁密；戏狮腰身茸隆而神态温和，爪甲亦失却锐劲逼真，仅具大形。如此种种，并非制作有欠精良，只是风格嬗变，为乾隆晚期向嘉道过渡之迹象也。

壶内施蓝釉，釉色灰蓝。

壶底圈足内錾刻“乾隆年制”四字横款。

掐丝珐琅博古纹移配盖。盖下暖木塞，牙匙。

通高：6.8 厘米

递藏：Bonhams & Butterfields LA

望月山房

71 清嘉庆掐丝珐琅万花锦纹鼻烟壶

扁壶式。铜胎，鎏金。

嘉庆一朝，承上启下。早期纹饰，多沿袭前朝遗风，称乾嘉；后期略有创制，启道光风气，称嘉道。此壶花卉罩体，色彩明艳，仍具乾隆面貌。

壶内施蓝釉。

壶底圈足内施蓝釉。

西式翡翠镶银移配盖。盖下暖木塞，骨匙。

通高：6.6 厘米

递藏：美国私人收藏

72 清嘉庆—道光掐丝珐琅蓝釉地富贵牡丹图纹鼻烟壶

扁瓶式。铜胎，鎏金。

颈饰大如意云纹，壶之两侧饰联钱纹；壶膛两面双丝方形委角开光，施红釉地，白、紫、蓝大朵牡丹三本，花瓣层层垒落，叶蕾烘托，花事正盛。开光周边，点缀大缠枝菱花。

此壶形态丰硕，掐丝精壮，纹饰简练，壶内施蓝釉，属嘉庆至道光间民坊佳制。底足圈内加施蓝釉，亦是当时民坊常用作法，其意或在减省鎏镀用金。

掐丝珐琅般配盖。盖下暖木塞，牙匙。

通高：7.1 厘米

递藏：Robert Hall

Nikola Marakovic

73 清嘉庆—道光掐丝珐琅蓝釉地缠枝莲纹鼻烟壶

扁壶式。铜胎，鎏金。

器形浑实稳重，丝纹中规中矩，釉质呈色，亦各得其正，近似官造风格。底足平拍，作法较晚，当为北京民间作坊制品。

壶内未施蓝釉。

无款。

掐丝珐琅龙纹移配盖。盖下暖木塞，铜匙。

通高：7.2 厘米

递藏：Monimar Collection
Asian Art Studio
Nikola Marakovic

74 清嘉庆—道光掐丝珐琅山水纹鼻烟壶

扁瓶式，方而扁，没去棱角。铜胎，鎏金。

壶膛上长方形委角开光，内写小幅青花山水，景物萧索，与开光外纷盛之万花锦地，有喧寂之别。

壶内施蓝釉。

壶底圈足内施蓝釉。

掐丝珐琅般配盖。盖下暖木塞，虬角匙。

通高：7.2 厘米

递藏：Hanzel Galleries

Avrina Pugh Collection

Robert Kleiner

Nikola Marakovic

75 清嘉庆—道光掐丝珐琅青花牡丹纹鼻烟壶

梨壶式。铜胎，鎏金。

小园景致，山石牡丹，绕接另面之地植木兰花，花叶栩栩生动。仿青花瓷器，青花釉色靛浓，与白釉地形成反差。

此壶色相独特，大异侪类。考乾隆时制有此种仿青花珐琅器物，如台北故宫博物院所藏仿青花掐丝珐琅御制诗文绶带宝月壁壶。然以此鼻烟壶之形制构图而论，以山石坡地取代足际纹饰，作法较晚，颈饰之如意纹样亦较晚，故制作年代似不能早于嘉庆。

铜包珊瑚盖。

通高：不详

递藏：美国私人收藏

乾隆仿青花掐丝珐琅绶带宝月壁壶

76 清嘉庆—道光掐丝珐琅蔬卉蝈蝈纹鼻烟壶

扁壶式。铜胎，鎏金。

壶两侧掐植地菊花，枝叶伸叉，两面膛上可见红皮萝卜拱土半出，青绿蝈蝈，腿爪攀立，啃噬其上，萝卜叶子已齿痕豁缺。

蝈蝈纹饰，嘉、道瓷绘多用，尤以道光朝瓷胎及玻璃胎鼻烟壶上最见流行。后世煞费猜详，或谓蝈国谐音，乃为官报国或精忠报国，又谓吴语中蝈官声近，大蝈蝈一只，或傍以菊花，为居官在上或官位居上之意。

壶内未施蓝釉。

无款。

掐丝珐琅花瓣纹般配盖。盖下暖木塞，牙匙。

通高：6.7 厘米

递藏：Sotheby's Paris
Robert Hall
Nikola Marakovic

77 清道光掐丝珐琅蝈蝈鹌鹑图鼻烟壶

扁壶式。铜胎，鎏金。

壶膛一面，菊花丛中，有大肚蝈蝈一只站花瓣上，劲腿弓折，探须低吻，啜吸花芯粉露，翅翼透明，腿爪鋬钉，俱摹真写来。

壶膛另面，牡丹荫下，见鹌鹑一双立山石上，顾盼喁喁，所谓富贵双安也。

打破乾隆锦地开光模式，画面通体展开，两面主图之间过渡，亦十分自然。

清赵之谦《勇庐闲诘》云:“道光窑鼻烟壶，以蝈蝈著名，以有篾丝笼及葫芦、花草者为佳。”不惟瓷胎鼻烟壶，道光时掐丝珐琅鼻烟壶亦应如是论之。此壶久为人知，国际中国鼻烟壶学会网站推之为掐丝珐琅鼻烟壶代表作，其丝艺与釉色俱佳，确为道光年间掐丝珐琅鼻烟壶中之上品。

壶内未施蓝釉。

无款。

掐丝珐琅菊瓣纹般配盖。盖下暖木塞，牙匙。

通高: 6.5 厘米

递藏: Dennis S. Low: The Collection of the Sanctum of Enlightened Respect

壶膛一面，有大肚蝈蝈一只站菊花瓣上

78 清道光掐丝珐琅山石花卉纹鼻烟壶

梨壶式。铜胎，鎏金。

釉质尚属细腻。丝纹呆板,色彩单调,缺少变化。

壶内未施蓝釉。

壶底圈足内施蓝釉。

铜鎏金錾花盖。盖下暖木塞，骨匙。

通高：6.55 厘米

递藏：Nikola Marakovic

79 清道光掐丝珐琅缠枝莲纹鼻烟壶

扁壶式。铜胎，鎏金。

蓝釉地，正中大花一朵，花瓣堆栈，全无兴趣，可称呆花；通体枝蔓捆绕，肥片垂列，直是傻叶。缠枝莲纹，古来已久，似易而实难，难在并无多少才情发挥处，板不得，亦乱不得，须以纤巧灵动、曲致流畅取胜。此壶败在“死板”二字。

壶内未施蓝釉。

壶底圈足内施蓝釉。

铜嵌珊瑚环珠移配盖。

通高：7 厘米

递藏：Robert Hall

Nikola Marakovic

80 晚清掐丝珐琅博古纹鼻烟壶

扁壶式。铜胎，电镀金，全无金意。
红釉地缠枝莲锦地，颈饰如意纹，足际为鱼鳞纹。开光内掐制博古图，红烛蜡台亦入清供，为前未之见；匠手似颇知与时俱进，椭圆形插屏（或为容镜）应是当时半中半西之新式家具。丝工孱弱，粗忽成形，物象勉强可辨，较之乾隆朝博古丝艺，恍若遥梦隔世。
壶内未施釉。
壶底圈足内刻“乾隆年制”四字横款。
掐丝珐琅菊瓣纹般配盖。盖下铜管塞柱，骨匙。
通高：5.7 厘米
递藏：美国私人收藏

81 清晚期掐丝珐琅夔龙捧寿纹鼻烟壶

扁壶式。铜胎，鎏金。

黄釉地，壶侧饰花卉，开光内为淡粉釉地上夔龙捧寿纹。此种纹饰之壶，所见甚多，制作年代上迄清中期，下至清晚期，技艺水平亦精粗不一，乃沿袭久用之纹样。

壶内不施蓝釉。

无款。

通高：不详

递藏：Nikola Marakovic

82 清晚期掐丝珐琅夔龙捧寿纹鼻烟壶

扁壶式。铜胎，鎏金。

此壶制法，以掐丝起线，模仿锤鍱錾胎珐琅，仅图纹点蓝。或谓新创，却是省工减料一法也。

壶内未施蓝釉。

壶底圈足内施蓝釉。

铜鎏金錾花盖。盖下暖木塞，骨匙。

通高：6.5 厘米

递藏：East Asia Antiques

Robert Kleiner

水松石山房（Hugh Moss）

Nikola Marakovic

83 清晚期掐丝珐琅夔凤穿莲纹鼻烟壶

扁壶式。铜胎，鎏金。

壶膛两面，纹样全同：夔凤修丽婉转，衔红灵芝；淡粉番莲一，八瓣如轮，凤之上下，另有白番莲数朵。颈饰勾云，肩披垂云，足际环以莲瓣。此壶之夔凤穿莲纹，与同治、光绪、宣统时粉彩瓷器上所绘，意趣致同。

壶底铳压“乾隆年制”四字篆章款。

掐丝珐琅般配盖。

通高：6.9 厘米

递藏：Margaret Constance Goldny Collection
I.M.Chait

84 清晚期掐丝珐琅夔凤穿花纹鼻烟壶

扁壶式。铜胎，鎏金。

此壶纹样同于前壶，然精工制作，两面番莲芯中各镶嵌珍珠一粒，不类市卖常货，似为富家定制。

壶底机械铳压“乾隆年制”四字篆章款。

掐丝珐琅般配盖。

通高：6.9 厘米

递藏：水松石山房（Hugh Moss）

85 清晚期掐丝珐琅白釉地青花纹鼻烟壶

扁壶式。铜胎，镀金极薄。

白釉地，釉质晦暗，色似石灰，蓝釉单花，粗枝大叶，如意云纹颈饰与足际鱼鳞纹亦糙。

此壶当为国孝家孝成服守制期间配用，即旧时所谓“青东西”,如《红楼梦》第六十四回所云。

壶内未施蓝釉。

掐丝珐琅般配盖。盖下粗铜管，管内焊接铜匙。

壶底机械铣压“乾隆年制”四字篆章款。

通高：7.1厘米

递藏：美国私人收藏

86 清晚期掐丝珐琅缠枝莲纹铺首耳鼻烟壶

海棠樽式。铜胎，未曾施金。

壶身四瓣，敞口，鼓腹两侧浮雕铺首耳，顺流敛腰，撇足，较之故宫藏南宋郊坛下官窑海棠式贯耳瓶或乾隆仿宋海棠式贯耳瓶，几为同身缩小，惟将两贯耳代之以铺首耳，且由器颈移下至器肩而已，恰是光绪时海棠式兽耳樽模样。俯仰式勾子莲，芯红，瓣红黄相间，嫩绿衬叶。壶颈所饰之双钩垂云纹及足边所饰之莲瓣纹，较之前朝，大而无当。

私家小坊制品，丝工简陋，釉质粗糙。

壶内不施蓝釉。

夏吉服冠式般配盖。

通高：7.6 厘米

递藏：Robert Hall

Nikola Marakovic

87 清晚期—民国掐丝珐琅松鹤纹鼻烟壶

瓶式。铜胎，胎体轻薄，施金亦薄。

锦地开光模式，于清晚期至民国之时，又见复兴。此壶以矾红釉上白莲绿叶为锦地，丝纹松旷，聊具大形，与乾隆壶锦地之洒利抖擞、密纹锦织，自不能相提并论。

两面开光内俱为松鹤遐龄纹，鹤之姿态，可见舞唳与理羽之不同。单丝如意云纹颈饰，足际饰菊瓣纹。

壶内不施蓝釉。

无款。

掐丝珐琅移配盖。

通高：7.3 厘米

递藏：望月山房

88 清晚期一民国掐丝珐琅龙凤纹鼻烟壶

扁壶式。铜胎，电镀金。

菱形回纹蓝釉锦地，为膘子活做法。开光内一面夔龙纹，一面夔凤纹。颈饰如意云纹，足际及壶盖边沿饰鱼鳞纹。

壶内不施蓝釉。

壶底圈足内刻“乾隆年制”寄托款。

掐丝珐琅般配盖。盖下粗铜管，管内注胶，插骨匙。

通高：5.6 厘米

递藏：望月山房

89 清晚期—民国掐丝珐琅皮球花纹鼻烟壶

瓶式。铜胎，鎏金。

松石绿釉地，壶身饰皮球花纹，壶之颈饰与足际纹饰亦具乾隆风格，故为摹仿前朝之作，惜花形、瓣片与芯蕊缺少变化，大小略显划一，迭列有失呆板，与前述乾隆皮球花纹壶（参见述例66）不可同日而语。

壶内不施蓝釉。

掐丝珐琅皮球花般配盖。盖下粗铜管，匙已佚。

通高：8厘米

递藏：Nikola Marakovic

90 民国“景泰蓝”款掐丝珐琅双鹿纹鼻烟壶

扁瓶式，长颈，高而扁，民国时瓷胎鼻烟壶多见用此器形。铜胎，鎏金。

蓝釉衬缠枝西番莲纹锦地，菱花式开光，一面松下双鹿，一面梧桐双鹿，行过山间景色、莲塘草畔。颈饰垂云纹，足际饰鱼鳞纹。

此壶工艺水平，凡所过目之民国制壶，未见能出其右者。当时德成、老天利等西人投资大厂，工薪待遇优于小坊，故能罗致民间好珐琅匠师。壶如此类者，当是彼等正规大厂之产品。

壶内不施蓝釉。

壶底圈足内铳印“景泰蓝”阳文篆款。

掐丝珐琅般配盖。盖下粗铜管，内插匙端裹以橡皮膏之骨匙，并注入松香固定（以下简称橡骨匙）。

通高：8.8 厘米

递藏：望月山房

菱花式开光一面，梧桐双鹿，莲塘草畔

91 民国“景泰蓝”款掐丝珐琅云鹤纹鼻烟壶

瓶式。铜胎，电镀金。

壶之纹饰，同是云气，同是五鹤，然较之乾隆云鹤穿花壶（参见述例36）之云之鹤，神韵格调，丝纹釉色，自有高低精疏之别。两壶对照，可视为传统工艺江河日下之标尺，代渐式微之刻度。

壶内未施蓝釉。

壶底圈足内铣印“景泰蓝”阳文篆款。

掐丝珐琅般配盖。盖下粗铜管，橡骨匙。

通高：8 厘米

递藏：美国私人收藏

92 民国“景泰蓝”款掐丝珐琅花鸟纹鼻烟壶

胆瓶式。铜胎，电镀金。

黑地红花白蔓锦地，丝花含糊失神。两面膛上开光，各为花鸟，颈饰流苏垂云纹，足际菊瓣纹。

壶内不施蓝釉。

壶底圈足内铳印“景泰蓝”阳文篆款。

掐丝珐琅般配盖。盖下粗铜管，橡骨匙。

通高：8.5 厘米

递藏：美国私人收藏

93 民国“景泰蓝”款掐丝珐琅兰草纹鼻烟壶

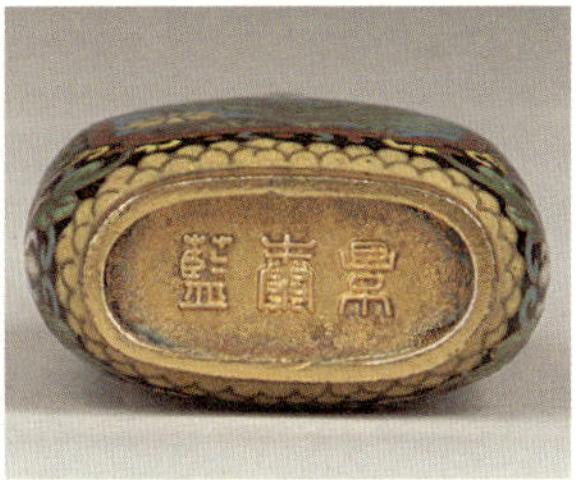

扁瓶式。铜胎，电镀金。

墨地粉花彩蔓锦地。开光形状呆板，一面为丛兰蝴蝶，一面为山茶蝴蝶。颈饰如意云纹，足际鱼鳞纹。

壶内不施蓝釉。

壶底圈足内铳印“景泰蓝”阳文篆款。

掐丝珐琅般配盖。盖下粗铜管，橡骨匙。

通高：7.5 厘米

递藏：美国私人收藏

94 民国“景泰蓝”款掐丝珐琅牵牛花纹鼻烟壶

扁壶式。铜胎，鎏金。

器形肥大。传统之锦地开光模式，开光内一面牵牛花，一面月季花。壶之丝艺与釉色，殊少韵味。

壶内不施蓝釉。

掐丝珐琅般配盖。盖下粗铜管，橡骨匙。

通高：7 厘米

递藏：望月山房

95 新中国掐丝珐琅鸳鸯图鼻烟壶

扁壶式。铜胎，电镀金。

壶体宽阔拙大，为前所未见。膛上两面同图，丝工平板机械，乃新工手法；釉色亮丽，乃新式配方釉料；釉面平滑闪亮似玻璃，乃电动高速打磨抛光。

壶内不施蓝釉。

壶底圈足内刻“乾隆年制”赝款。

掐丝珐琅般配盖。盖下插骨匙，注胶固定。

通高：8.7 厘米

递藏：美国私人收藏

96 新中国“景泰蓝”款掐丝珐琅熊猫图鼻烟壶

扁壶式。铜胎，电镀金。

大熊猫于1869年经法国传教士戴维（Pierre Armond David）首度公诸国际，声名始著。1961年更被世界自然基金会选作会标，之后渐成友谊象征、中国国宝。壶之形、款及锦地皆承民国旧式，主图则具典型新中国意味，且作者显然并未全识大熊猫，故臆想黑身白爪一只，当为向社会主义过渡时期产物。

壶内不施蓝釉。

壶底圈足内铳印“景泰蓝”阳文篆款。

掐丝珐琅般配盖。盖下粗铜管，橡骨匙。

通高：6.8厘米

递藏：望月山房

97 新中国掐丝珐琅暗八仙纹鼻烟壶

花瓶式。铜胎，电镀金，不过稍有金意而已。深绿釉地，绶带暗八仙纹，抽减细节，仅余大概轮廓。颈饰如意云纹，足际鱼鳞纹。

壶内不施蓝釉。

壶底圈足内刻“乾隆年制”赝款。

掐丝珐琅般配盖。盖下粗铜管，橡骨匙。

通高：7 厘米

递藏：美国私人收藏

98 新中国掐丝珐琅仿战国狩猎纹鼻烟壶

筒瓶式。铜胎，电镀金。

壶颈饰蕉叶纹，肩饰火纹（一称圆涡纹），均经简化改造。壶身为狩猎纹，分两层，上层为一猎手执棍与叉，与一龙一狼搏击，同一图案环壶身重复三次；下层为一猎手执短刃与长矛，刺中一如虎似鹿之怪兽，亦环壶身重复三次；两层间隔以忍冬纹。

新中国伊始之1951年，即提倡“百花齐放，推陈出新”之文艺方针，方兴未艾之“景泰蓝复兴”亦面临新图样之设计问题。林徽因先生于前引《景泰蓝新图样设计工作一年总结》一文中云：“在我们的设计中，若单就花纹来说，我们会尽量利用古代花纹的精华。……这不是单纯的仿古，因为它们是重新组织过了。”

又云：“最初我们主要借鉴古代铜器花纹，因为我们对于景泰蓝最初只认识到它的庄严端丽，风格上和铜器相似，经过一年来的试验，我们发现景泰蓝的表现能力很强，能产生古玉的温润的半透明的效果，也能够有宋瓷的自然活泼，锦缎的富丽，甚至京剧的面谱也给我们以启发。我们也曾利用建筑彩画的手法，战国金银错的

1953 年版《中国图案参考资料》之狩猎纹

手法，唐宋以来乌木或黑漆镶嵌的手法。”

蕉叶纹、火纹为古代青铜器纹饰，忍冬纹源起汉魏。此壶之狩猎纹，新中国之人民美术出版社为配合经济建设对工艺美术图案之需求而于 1953 年出版之《中国图案参考资料》中曾刊登过，究其本源，当出自战国青铜器如故宫藏宴乐攻战渔猎纹壶或楚墓彩绘漆器一类[5]。因此，此壶乃当时借用古代纹样却力求推陈出新、提倡所谓“经济、美观、实用”之大方针下之产物，设计者描摹、简化这一组古代纹样，并将其“重新组织”，新自不新，古又不古，具有新中国建国初期工艺美术特征。

此壶釉料亮如玻璃，为新式配方；壶形高大且直白乏味，电镀金似有如无。藉由此壶概观整体，新中国所制掐丝珐琅鼻烟壶，已失却掐丝珐琅鼻烟壶所应有之巧、之妙。

壶内未施蓝釉。

壶底圆圈足内刻“乾隆年制”双行竖款。

掐丝珐琅般配盖。盖下铜管塞柱，骨匙。

通高：9 厘米

递藏：美国私人收藏

附录一　当代新制掐丝珐琅鼻烟壶

新仿掐丝珐琅鼻烟壶

自晚清民国以来，较之书画、瓷器、青铜器等文物造假重灾区，掐丝珐琅鼻烟壶乃一相对洁净地带。惟自新千禧又五年，始见居心不良之高仿清宫掐丝珐琅器与掐丝珐琅嵌画法琅器蠢蠢钻出，大件小件，品种俱全，假国内三两家超大拍卖公司之季度杂拍为主要集散地，频频现身，欺买家不识真相，竟也屡屡斩获暴利，其中便有掐丝法琅鼻烟壶。

造假者或不知真品面目，或知而仿造不来，虽属“乾隆年制”底款，却与乾隆之制大相径庭。所见器型，除胆瓶式、双联瓶式、大吉葫芦瓶式之外，另有数种，壶不壶、瓶不瓶、罐不罐，怪臆乱造，形状俗恶，几无以名之。其纹饰，颈饰以如意纹居多，锦地有云纹，丝工均省略减化；人物皆着明代衣冠，或三两对坐，或相对站立；缠枝莲纹与蝠寿纹，细作者虽疏旷却齐整，粗制者则敷衍了事；其他或肿

新仿掐丝珐琅缠枝莲纹双联鼻烟壶

新仿掐丝珐琅树石人物鼻烟壶

新仿掐丝珐琅蝈蝈图鼻烟壶

新仿掐丝珐琅云蝠纹鼻烟壶

龙一条裹遍壶身，或拐子龙两条如肥蚓升降相对，或麒麟送书，或单花疏枝，手技甚低陋。其釉之质色暗涩，多气孔砂眼，无酥脂之润亮。用金菲薄寒碜，似略擦化学金粉之铜。“乾隆年制”款识于僵谨中见拙劣，全无精神；杂配铜镶珊瑚、玛瑙、红玺、绿玉或假翠盖，或索性无盖以藏拙掩怯。

附录二　日本有线七宝烧鼻烟壶

七宝烧鼻烟壶之山水纹

七宝烧鼻烟壶之缠枝纹

世界诸国，史上曾以鼻烟壶制作而闻名于世者，中国之外，尚有日本。国际间鼻烟壶藏界所常见之日本制壶，有于中国玉瓷玛瑙玻璃壶上贴镶拼嵌彩石螺钿图案者，有象牙圆雕者，有江千里风格之螺钿嵌漆者，亦有掐丝珐琅之壶。

中国所谓掐丝珐琅器物，日本呼之曰“七宝烧”，据云乃因其成品光灿绚丽，颇似以金银、琉璃、砗磲、玛瑙、珊瑚、琥珀、珍珠等佛家七宝熔炼而成，故如是称之。清代以降，中国釉器物出现掐丝珐琅与画珐琅之分，而日本七宝烧则相应以有线七宝烧与无线七宝烧以示区别。

有线七宝烧始现于16世纪末之日本庆长年间，本为彼邦工匠欲摸索仿制中国掐丝釉器，殊未料买王得羊，正打歪着，竟成就此东洋艺术之奇葩。据晚清黄遵宪《日本国志·工艺志》：有线七宝烧“先用铜丝嵌作山水、树石、花草、翎毛之形，俟着色时，施蓝作地，别以青绿诸色图肖物形，毫发悉备。所着色，皆用药料，光彩照人，神采如生。”可见其制作程序，与中国掐丝珐琅器并无大异，惟风格意趣不同。

传世日本有线七宝烧鼻烟壶多为七宝烧全盛时期之明治（1868-1912）与大正（1912-1926）两朝制品。器形本自中国鼻烟壶，有扁壶式、宝月壶式、把攥式等等，却并不尽法汉式，每膨敛增减使之饶具和风，壶口唇圈及壶盖帽边均无唇沿翻出，为其特点之一。

有线七宝烧壶之釉料，质如亮泽之彩色玻璃，绝少肉眼可见之气孔。

所见纹饰有缠枝花纹、山水、花鸟、走兽等，颈饰、肩饰与足际多借鉴传统中国壶之如意云纹及当时（即中国晚清—民国时期）流行之鱼鳞纹，壶侧常以串珠或簇珠垂挂划分壶膛两面之图案。

倭工丝艺，细致缜密，似已优于晚清—民国时之中国丝工，状物曲尽写实之能，真如黄氏所言之“毫发悉备”，设色明艳如浮世绘版画，极具装饰效果。彼邦工艺文化之特色或在于写实与装饰性，然其意韵平浅、不耐久视深玩之憾或亦出于此。

如前所述，同时期之中国制壶已

七宝烧鼻烟壶之樱花纹与连珠纹

七宝烧鼻烟壶之虎纹

尽弃壶内施釉之工序。然正如中国诸多古代仪风服饰之属，绝迹华夏，而彼邦尚存，有线七宝烧壶内多施翠绿釉或蓝釉，此清代康雍乾三朝珐琅制壶传统竟于日本艺匠手中得以传承，令人感慨。

有线七宝烧壶之壶塞，均以瓶塞橡木制成，壶匙为粗铜丝制，顶端捶成薄叶状，两侧略卷为匙勺。

镀金稀薄，隐约可见。日本国之工艺，自历史上即对珍贵质材极为吝惜，恐与因国土窄小、资源匮乏而形成之国民紧迫心理有关。

属底款者均为“乾隆年制”款，或刀刻或篆章铳压，表露出乾隆朝制艺之海外威名及彼邦工匠对其之尊崇。

因有线七宝烧鼻烟壶之风格大貌，与中国掐丝珐琅鼻烟壶同属东方艺术框架内，并列观之，是耶非耶，模棱相似，工艺类同，款字亦相同，因此往往被国际鼻烟壶界误认为中国晚清—民国或社会主义新中国制品。

注 释

[1] 见《清宫内务府造办处档案总汇》第 4 册，428 页。

[2] 两枚为台北故宫博物院所藏，见本书述例 11 和述例 12。第三枚为 Mary & Geoge Bloch 藏品，参见 Hugh Moss: *By Imperial Command. An Introduction to Ch'ing Painted Enamels,* 31 页，及本书述例 13。

[3] 见《清宫内务府造办处档案总汇》第 7 册，11 页。

[4] 见《清宫内务府造办处档案总汇》第 49 册，6 页。

[5] 见陈之佛、吴山编:《中国图案参考资料》，80 页，人民美术出版社，1953 年。

后记

自第一枚乾隆年制掐丝珐琅鼻烟壶归藏余斋，迄今凡八载有余。逢闲暇时，出一壶于锦匣绫囊中，详加赏看，每感怀莫名，复愧疚隐动。

小壶玲珑，掌心可容，壶中却自有日月天地，端可由之窥瞻先人匠师秘隐灵境，即“匠心匠德”是也。虽曰“巧者劳而智者忧”，此天生命定之数，然兢兢以诚笃，孜孜以完美，只为成此区区一壶，其心性可感可泣。激赏之余，每不免诧讶：古与今之中国人，本血脉同宗，文化一源，奈何代迭境迁，不惟居心行事大相径庭，竟恍如已遗传激变、族类全非矣！更思吾国工艺艺术至今拿得出手而不赧寒碜、可夸诩显摆于国际且令人叹服者，仍是古时制器。以掐丝珐琅鼻烟小壶而论，史上技艺曾如此了得，吾辈今人，学已学不来，可恨知之亦甚少，若再不稍努力以求深识洞解，真忘祖不肖也。

而今作此小书毕，方觉聊以告慰，胸臆稍舒。

小书付梓，题属吾名。促之成篇者，则非吾一己之力。

国家工艺美术大师钱美华、国家工艺美术大师薛丰年两先生及北京珐琅厂办公室主任夏焕贞女士，备位咨询，有问必答。

北京故宫博物院、台北故宫博物院、美国纽约大都会博物馆及张宗宪先生“荷香书屋”之藏品插图，为本书生色增辉。

北京观复博物馆马未都先生，中贸圣佳拍卖公司赫琳东、李闪两先生，奥地利藏家马拉考维克先生（Nikola Marakovic），国际中国鼻烟壶学会主席劳先生（Dennis S.K.Low），香港宝龙拍卖行亚洲部主管金先生（Julian King），纽约克利斯蒂拍卖行副总裁巴思先生（Michael Bass）及助理斯布林瓦特女士（Hannah Springwater）、张女士（Emmily Chang），艺雅集莫斯先生（Nick Moss）等惠贻图片，充实述例。

吾友晓军与小春，一位手绘示图并致电寄笺联络藏家，一位再次操机，不厌其烦，主持摄影。

吾友历史学者吴遇与资深编辑孙晓林女史，为联系出版热情相助。幸蒙三联书店张荷女史青目，拨冗审阅书稿并亲任责编。

水松石山房主人莫士扔（Hugh Moss）先生，国际中国文物大家也，笃爱吾中国古典文化，其爱之深，竟甚于大多数中国人，可谓浸彻血髓，真西洋人中异类也。余与先生素不相识，久闻先生名，而缘悭未曾谋面。起笔之初，冒昧投简，竟得回函，从此书信往来，切磋讨论。后会晤纽约并造访余斋，互示所藏，令余受益良多。尤可贵者，先生之宿友旧交，多当今累世收藏之名家，凡有掐丝珐琅鼻烟壶者，均致信介绍。余能索散在之器入编次，汇诸家之藏于一书，先生力莫大焉。

今拙作成，于上列单位及诸位勉励援手之意，念念于心头，感激之情，萦萦于肺腑。

壬辰仲夏常罡又记